변호사가 본
이성의 세계, 감성의 세계

변호사가 본

이성의 세계, 감성의 세계

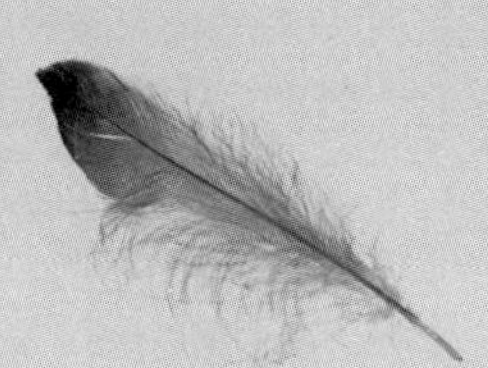

천기흥 지음

예지
Wisdom Publishing

새 시대의 젊은이들에게

사실 내가 글쓰기를 한다는 것은 애초부터 무모한 일이었다. 세상을 널리 접하지도 못하고 우물 안 개구리처럼 살아온 탓에 세상사에 대한 정보 자체가 빈약하였고, 이를 보완할 수 있는 학문적 지식도 부족하였으며 더구나 글재주가 없는 형편이었다.

그럼에도 불구하고 이 소책자를 출판하게 된 것은 오로지 나 스스로의 자책감 때문이었다.

지난날 늦게나마 어렵사리 학위논문 한 편을 쓰고 난 후 거기에 쏟은 노력이 아깝다는 생각에 내용을 조금 더 보완하여 책자로 출판하고 싶었는데, 버나드 쇼의 묘비명처럼 우물쭈물하다가 실기하고 말았던 씁쓸한 경험이 있었던 것이다. 나의 나태함에 대한 부끄러움과 후회감으로 인해 반드시 책 한 권은 써야겠다는 자책감에 시달려 오게 되었고 이제 그 짐을 벗게 되어 후련한 기분이다.

그러나 탈고 후 다시 보니 그 내용이 단순 평범하고 수준도

보잘것없는 것 같아 또다시 부끄럽고 후회스럽기는 마찬가지가 되었다.

그렇지만 한 노인의 평생 사색을 글로 써놓았다는 것 자체가 어쩌면 대견스러운 일인지도 모른다고 스스로 위로하고 싶은 것이 솔직한 나의 심경이다. 또한 숙명적으로 「이성의 세계」에 살아야 했던 한 법률가의 오랜 경험이야기가 새 시대의 젊은 사람들에게 조금이나마 격려가 되고, 이성적 사고에 도움이 될 수 있기를 바라는 마음 간절하다.

그런 의미에서 고단하기도 했던 저작 작업이 결코 헛된 일만은 아니었다고 생각된다.

이 작은 책자를 출간하면서 평생 나를 위해 헌신해 온 아내 엄영희 여사에게 가장 먼저 깊은 감사를 드린다. 그리고 조용한 사무실에서 편안하게 이 글을 쓸 수 있도록 특별 배려해 주신 법무법인 한얼의 백윤재 대표변호사께도 진심으로 감사드린다. 또한 원고 정리에서부터 출판에 이르는 모든 절차를 준비해 주신 나의 옛 직장동료 박용수 선생의 노고는 영원히 잊지 못할 것이다.

2015. 10.
법무법인 한얼 사무실에서
천 기 홍

차례

종교의 세계에서

예술의 세계에서

이성의 영광과 좌절(Epilogue) — 인간 이성과 법사상 —

chapter | 1

추억의 일지(Prologue)

변호사가 본
이성의 세계
감성의 세계

기억의 실오라기들

'어린이날 노래'를 즐겨 부르던 꿈 많던 어린 소년이 있었다. 그는 해방과 분단, 전쟁과 혁명이라는 격변기 속에서 성장하였다. 분단의 고통, 전쟁의 참혹함, 가난의 질곡, 혁명의 회오리를 직접 체험하면서 보통 사람들처럼 교육을 받고 가정을 이루고 열심히 사회활동을 하며 살아왔다. 세월이 흘러 전쟁과 빈곤의 나라가 산업화, 민주화를 이루어 세계 경제대국이라고 자부하게 되었을 때 그 소년은 고희(古稀)를 넘은 노인이 되었다.

그의 고향은 서울이다. 아버지의 고향인 충북 제천군 청풍면은 충주댐으로 수몰된 지 오래다. 그가 어릴 적 놀던 갈월동 집은 어느 종교단체의 교육시설이 되었고, 학창시절을 보냈던 순화동, 효창동, 전농동 철도관사들은 다 없어졌고, 안암동에 있던 집은 연립주택지로 변해 버렸다. 그는 이은상 시인의 시를 좋아했다.

내 놀던 옛 동산에 오늘 와 다시 보니 산천의구란 말 옛 시인의 허사로고. 예 섰던 그 큰 소나무 버혀지고 없구려

이제 그에게 남은 것은 무엇인가. 돈도 명예도 사랑도 아니다. 그렇다고

내 무덤가에 서서 울지 마세요. 나는 거기에 없습니다. 죽지 않았으니까요. 나는 천개의 바람이며 반짝이는 금강석이며 곡식을 비추는 햇살이며 촉촉이 내리는 가을비입니다.

여류시인 메리 엘리자베스 프라이(Mary Elizabeth Frye, 1905~2004년)의 노래처럼 아름다운 영혼과 부활의 신념을 가지고 있는 것도 아니다. 그렇다면 그에게 남아있는 것은 무엇인가. 다시 이은상의 시로 돌아간다.

지팡이 도로 집고 산기슭 돌아서니 어느 해 풍우엔가 사태져 무너지고, 그 흙에 새 솔이 나서 키를 재려 하는구려

그에게는 영원한 생명을 이어 줄 새 솔 같은 후손들이 있다. 그는 그 후손들에게 할아버지가 이 세상에 태어나 무엇을 보고 무엇을 생각하고 무엇을 위해 살았는지 보여주고 싶었다. 모두 잊혀지기 전에 지나간 추억의 일기를 하나씩 회상 속에서 꺼내 보며 과거를 반추하면서 인생이 무엇인가 설명해주고 싶었다. 그래서 그 꿈 많던 소년이 세상을 너무 많이 알아버린 늙은 할아버지가 되어 그가 겪은 이성의 세계, 감성의 세계를 추억의 일기처럼 엮어 이 책을 쓴다.

나는 평생 법조인으로 살았다. 잘못도 많았고 실수도 있었고 후회도 많지만, 그래도 법과 싸우고 화해하고 미워하고 감사하고 같이 웃고 울며 마치 친구처럼 지내왔다. 수많은 사건, 사연들을 보고 듣고 느끼고 참여하고 판단하면서 같이 기뻐하기도 하고 슬퍼하기도 하고 분노도 하고 스스로 위로를 받기도 하였다.

40년 넘는 법조생활을 되돌아보면서 주마등같이 스쳐가는 흑백필름을 돌리다가 아직도 기억에 생생히 남아있는 몇 장면들을 간추려 보았다. 별 재미도 없고 감동도 없고 무미건조한 일상의 서사일지 모르지만 나로서는 잊혀지지 않는 내면 깊숙이 잠자고 있던 기억의 실오라기들이다. 그 이야기를 나의 첫 번째 이성의 일기로 쓴다.

나는 어릴 때부터 역사과목을 좋아하였다. 유명한 언론인이자 역사학자였던 나의 당숙으로부터 영향을 받았는지도 모른다. 그분은 우리 고대사 중에서 기자조선론과 임나일본부설을 명쾌하게 해명한 큰 업적이 있는 분이다. 나는 수학이나 과학 같은 과목에 별 흥미가 없었다. 그것은 신의 영역에 속하는 것이라고 생각되었던 것이다. 역사는 인간이 만들어낸 인간의 이야기이기에 인간적으로 깊이 빠져들었던 것이 아닌가 한다. 젊은 시절에 흥미를 가지고 몇 군데 기고하였던 역사의 단편들을 기억나는 대로 정리하여 두 번째 일기로 엮는다.

나이가 들면서 매사에 자신을 잃어가는 것은 나만이 아닐 것이다. 환갑이 다 되어가는 나이에 나는 감히 창조주를 대면하겠다고 신앙의 길로 들어가 기독교 신학에 심취되었다. 신앙은 믿음이고 믿음은 주관적인 것이다. 터키의 카파토키아 지방에 있는 초대 기독교인들의 지하 동굴에 들어가 보면 신앙은 말로 설명할 필요가 없다는 것을 절감하게 된다. 종교는 창조주를 믿는 것이고 창조주의 위대함은 필설로 표현할 수 없는 것이 아닌가. 인격신이든 자연신이든 신은 인간을 압도하는 존재이고, 그 앞에 서면 인간은 한없이 초라한 존재로 전락하고 만다. 바로 그 때문인가. 인간은 창조 이후 지금까지 끝없이 신의 영역에 도전하고자 한다. 그 속에서 인간은 수많은 갈등과 탐욕, 용기와 오만을 거쳐 좌절과 참회를 거듭하면서 종교라는 거대한 울타리를 만들고 그 안에서 비로소 안도하며 영원한 안식을 찾고자 한다. 인간 이성의 영원한 도전, 그것은 새로운 창조인가 아니면 용서받지 못할 죄악인가. 거대한 담론을 끝내 넘지 못하는 내 신앙의 갈증을 여기에 세 번째 일기로 적어 남겨두고자 한다.

네 번째 일기는 취미에 관한 것이다. 누구나 인생을 살아가면서 취미생활을 즐기는 것은 당연하다. 숨 막히는 인생살이에서 취미생활은 숨통을 틔워주는 통로역할을 하는 것이고, 생활의 활력소가 되어 인생을 한 단계 격상시켜주는 역할을 하기도 한다. 그런데 문제는 사람마다 차이가 있다는 것이다. 재주가 많은 사람은 여러 가지 취미생활을 즐기기도 하는데, 나는 한평생 어떤 취미도 뜻대로 이루지 못하였고 그만큼 짜증나는 인생을 살아온 것 같아 지금도 안타까운 생각이 든다. 보잘것없는 나의 취미생활이었지만 내가 겪은 경험을 소개하면서 훌륭한 취미생활을 위한 반면교사 역할이라도 하겠다는 생각에서 부끄러운 감성의 기록으로 남긴다.

마지막으로 나의 추억의 일기도 결론에 이르게 되는데 과연 무엇이 결론인가. 인생칠십고래희(人生七十古來稀)에 내가 경험하고 인식하고 이성적으로 판단하였던 결과는 무엇인가. 그것이 내 인생관이고 내 세계관이고 내 종교관일 것이다. 나는 엉뚱하게도 10년 전 내 사유의 세계로 돌아갈 수밖에 없었다. 그

것이 내 사고의 한계임을 다시 한 번 절감하면서 늦깎이 신학생 시절 석사학위 논문의 결론 부분을 다시 요약, 발췌하여 옮겨 싣기로 한다. 다시 읽어보면 유치하고 너무나 단편적이고 공감할 수 없는 편견이라는 것을 느끼게 되는 것도 사실이다.

그러나 신의 형상을 닮은 인간의 존엄성을 붙들고 인간 이성의 실존을 역설하는 그 열정만은 아직도 식지 않고 따뜻하게 살아 있다는 것을 스스로 느끼고 인정하고 감동하면서 이 일기의 결론으로 마무리하며 홀로 미소 짓는 마지막 어리석음을 남기려 한다.

chapter | 2

법률의 세계에서

원죄의 모습

부산은 살기 좋은 도시다. 우선 날씨가 따뜻하다. 예전에는 대부분의 부산사람들에게 겨울코트가 필요없었다. 더운 여름에도 탁 트인 바다가 있어 시원하고 공기도 맑다. 또한 물가가 싸서 좋다. 해산물이 많아 식료품값이 저렴해서인지 생활비가 서울의 절반 정도이다.

생거진천 사거용인(生居鎭川 死居龍仁)이라는 속담도 있고, 우리나라에서 사람 살기 좋은 곳은 제주도 서귀포, 경상남도 통영, 강원도 강릉이라는 말도 있지만 나는 지금도 부산을 살기 좋은 곳이라고 생각한다. 그런데 문제가 하나 있다. 도로가 부족하여 교통이 혼잡하다는 것이다. 최근까지도 부산의 중심이었던 광복동, 남포동 일대는 원래 바다를 메꾼 간척지였기 때문에 새로 만든 도로는 광복동에서 동래, 문현동에서 해운대까지의 외길뿐이었다. 지금은 해안도로도 생기고 구포로 돌아가는 길도 만들었지만, 1970년대까지만 해도 주요 도로는 산중턱에 설치된 산복도로였다. 산복도로는 폭이 좁고 곡선로가 많기 때문에 교통사고가 많이 발생한다. 그런 시기에 나는 부산에서 살 수 있는 행운을 얻었다. 1973년 초 부산지검 검사로 발령받은 것이다.

검찰이 취급하는 형사사건은 송치사건과 인지사건으로 나뉜다. 송치사건은 경찰에서 초동수사 후 검찰에 송부하는 사건이고, 인지사건은 검사 스스로 수사의 단서를 찾아 수사에 착수하는 사건이다. 검찰에서는 인지사건을 중요시하여 당시에는 검사 개개인별로 통계를 작성하기도 하였다.

어느 날 교통사고인 업무상과실치상죄의 송치사건이 나에게 배당되었다. 송치사건 중에는 절도, 폭력, 교통사고와 같은 민생사건이 대부분이므로 별 신경을 쓰지 않고 통상절차에 따라 수사해서 구속기소하였다. 재판은 공판부에서 담당하므로 수사검사인 나로서는 임무를 다한 것이다. 그런데 몇 달이 지난 후 그 사건의 피해자 가족이 나를 찾아와 항의하기를, 피해자가 중상을 입고 아직도 병원에 입원 중인데 피해보상도 없이 가해자가 석방되었으니 억울하다는 것이다. 법원의 소송기록을 열람해 보니 가해자와 피해자가 합의하였다는 합의서가 첨부되어 있었다. 가해자 측에서 피해자 모르게 위조하여 법원에 제출하였고 법원은 이를 믿고 피고인에게 집행유예를 선고한 것이다.

위조범을 찾는 것은 어렵지 않았다. 바로 피고인의 부인이었다. 그 여인의 변명은 이랬다.

"피해자 측과 합의를 해야 처벌이 가벼워진다는데 선고기일이 다가오는 데도 합의가 잘 이루어지지 않았다. 치료비 등 피해를 배상하여야 하는 것은 당연하지만 당장 거액의 비용을 마련할 수가 없었다. 남편이 빨리 석방되어 다시 영업활동을 해야 피해변상도 할 수 있지 않겠는가. 그것이 피해자를 위해서도 옳은 길이라는 생각이 들었다. 그래서 피해자의 인감을 위조하여 대서소에서 허위 합의서를 만들어 법원에 제출하게 된 것이다."

30세 전후의 젊은 나이에 생후 1개월쯤 된 갓난아이를 업고 있는 그 여인은 잘못을 깊이 뉘우치고 있었다. 옛날이나 지금이나 문서위조죄는 파급효과가 크고 결과가 중하기 때문에 엄하게 처벌하는 것이 법조의 관행이다. 나는 그 여인을 사문서위조 · 동행사죄로 인지 구속하였다. 원래 검사의 인지사건은 규모가 크고 사회의 이목이 집중될 수 있는 사건이어야 좋은 평가를 받는데 나의 첫 인지사건으로는 너무 초라하다는 생각이 들었다. 그러나 피해자가 있는 사건이니 다른 방법이 없었다.

심각한 문제는 그 다음부터 일어났다. 그날 밤 나는 잠을 이루지 못하였다. 그 여인이 불쌍해서가 아니라 그가 업고 교도소로 간 갓난아이가 계속 눈에 어른거리는 것이었다. 그 아이에게 무슨 죄가 있는가. 왜 그 아이는 태어나자마자 어머니와 함께 교도소로 가야 하는가. 잘못되지는 않았을까. 그 아이는 아무 잘못이 없다. 교도소로 가야 하는 상황을 알지도 못하는 그 천진무구한 아이의 운명은 어떻게 될 것인가. 나는 인간의 원죄라는 기독교적 숙명을 직접 내 눈으로 확인하는 것 같은 무서운 착각에 빠져들었다.

인간의 원죄란 무엇인가. 아담의 죄로 인해 우리는 죽음에 이르게 되는가, 최초의 인간인 아담이 금단의 열매를 따먹었다는 성서의 기록은 신화로 이해되어야 하고 죄의 유전성을 인정할 수는 없다. 이 세상에 태어나는 사람은 누구나 하느님의 진노와 저주를 받는다는 원초적 죄과사상은 잘못된 것이다.

전통적 타락교리는 우리의 실존이 우리의 본질과 모순되어 있다는 것, 하느님과 이웃과 자연과 우리와의 올바른 관계가 단절되어 있다는 것, 하느님에 대한 불복종으로 하느님으로부터 멀어진 결과로 해석한다. 죄는 하느님의 뜻에 대하여 과오를 범하고, 하느님의 뜻으로부터 벗어나고 우회하고, 하느님의 명령에 저항하고 거부하고, 피조물의 분수를 벗어나 하느님과 같은 존재가 되려는 욕망이라는 것이다. 따라서 기독교적 원죄론은 세속적 의미의 죄와는 다른 차원에서 이해되어야 하고, 죄는 덕이나 선의 반대가 아니라 신앙의 반대이며 죄는 상태나 조건이고 행위 속에서 일어나기는 하지만 행위 자체는 아니라고 설명한다.

그러나 인간에게 죄가 있다고 하는 명제는 종교적인 동시에 세속적인 것이다. 문제는 죄의 보편성, 불가피성과 개인적 책임의 한계이다. 인간의 죄는 보편적일 뿐 아니라 불가피한 속박이며 그리스도의 구원에 의해서만 새로운 창조가 이루어진다는 것이 성서적 증언이라고 한다. 그러나 죄에 물들지 않은 인간은 없고 그것이 피할 수 없는 것이라면 그에 대한 개인적 책임을 어떻게 관련지을 수 있다는 것인가. 왜 자신이 가담하지도 않은 남의 죄책을 우리가 임의로 인수하지도 않았는데 우리 자신의 죄로 인정되어야 하는가.

인간은 사회적 일원이기 때문이라는 것이 신학적 해석이다. 인간이 아무리 선량한 양심과 판단을 가지고 산다 하여도 그가 속해 있는 사회는 이미 이기주의와 편견과 무관심과 억압의 온상이 되어 있어 죄의 지배하에 들어와 있기 때문에 사회악에 따른 인간의 원천적인 죄는 불가피한 것이고 내가 짓지 않은 죄라도 인간의 실존이 연루되어 있는 한 죄에 대한 연대책임을 면할 수 없다는 것이다.

그러나 원죄에 대한 성서적 근거가 확실하고 그에 대한 신학적 해석이 모두 타당하다고 하더라도 아직 자유의지가 성숙하지 못한 어린아이들에게 원죄의 죄과를 덮어씌우는 것은 너무나 가혹하지 않은가. 그것이 인간의 숙명이고 우리가 알 수 없는 창조주의 섭리라고 단순하게 설명하기에는 인간의 이성이 도저히 수긍할 수 없는 것이다. 펠라기우스적 이단은 아니라고 하더라도 40년이라는 긴 세월이 지난 지금까지도 나는 반기독교적 사상의 틀을 벗어나지 못한 것인가. 태어나자마자 어머니의 잘못으로 어머니의 품에 안겨 교도소에 들어간 그 갓난아이는 천사인가 죄인인가.

지금도 그 의문을 풀지 못하고 있는 나는 이제 40세가 넘었을 그 아이의 행복을 진심으로 하느님께 기원하는 것 이외에는 달리 할 수 있는 일이 없다는 것이 안타깝기만 하다. 그러나 역설적으로 인간은 누구나 죄의 상태에 있다는 원죄론이 있어서 우리를 편하게 해주는 것인지도 모른다. 피조물인 나의 책임이 아니라는 인간적 사고에 깊이 물들어 오늘도 나는 무사히 잠을 청할 수 있는 것이다.

밀수의 현장

밀수는 인간의 탐욕이 없어지지 않는 한 동서고금을 통하여 언제, 어디에서도 발생하는 전형적인 경제범죄 중 하나이다. 특히 경제발전과 개방정책으로 생활패턴이 변하는 전환기에 밀수범이 극성을 부리게 되고 이것이 폭력과 결부되면 큰 사회문제가 생기게 된다.

70년대 중반 우리 경제는 국민소득 1000달러를 향해 돌진하면서 수출 제일주의에 국력을 집중했다. 70년대 초만 해도 우리는 빈곤에서 벗어나지 못하였다. 그 당시 어떤 강연에서 들었던 강사의 절규가 지금도 귀에 생생하다.

"국민소득 2000달러 시대가 되면 우리 생활이 어떻게 달라지게 되는지 아십니까. 집집마다 냉장고가 있고 그 속에 항상 고기가 있습니다. 우리는 곧 그 시대를 맞이하게 됩니다.”

당시에는 상상도 할 수 없는 얘기였다. 과연 그런 시대가 올 것인가. 믿기 어려운 시대상황이었다. 수출지상주의에 힘입어 우리 경제는 도약하기 시작하였고, 그 부작용으로 부산, 통영, 여수, 인천 등 항구도시에서 밀수가 만연하던 차 결국 강력사건까지 발생하게 되었다.

1975년 가을, 여수세관에서 밀수범이 흉기를 들고 세관원을 공격한 사건이 발생하였다. 검찰이 대대적인 수사에 착수하였다. 순천지청에 수사본부를 설치하고 그 지역과 연고가 없는 검사들을 차출하여 여수세관에 상주시켰다. 결국 3개 대규모 밀수조직을 적발하고, 관련범죄로 세관장, 경찰서장, 수사과장, 감시과장 등 다수의 고위 공무원들도 구속하였다.

밀수의 주 품목은 일제 화장품, 전자제품, 시계나 금괴 등 귀금속이었고 밀수 통로는 활어를 수출하는 소형 선박이었다. 밀수범은 대체로 세 가지의 특징을 가지고 있다. 첫째, 자금주가 철저히 숨어있다는 것이다. 자금줄이 차단되지 않는 한 밀수범죄는 계속 만연할 수밖에 없다. 둘째, 범죄증거의 수집이 어렵다는 것이다. 밀수에 이용하는 선박 자체에 전문가도 식별하기 어려울 정도의 정교한 비밀창고를 설치하기도 하고, 특히 귀금속의 경우에는 장물을 이미 처분한 후 자금의 분배과정에서 범죄가 발각되는 사례가 많기 때문이다. 셋째, 막대한 경제적 이익이 발생하므로 범죄과정에 참여하는 협조자가 많다는 것이다. 어떤 외딴 섬의 경우 섬 주민 전체가 밀수 방조범이 되는 경우도 있었다.

당시 수사한 사건 중 지금도 기억에 남아있는 것은 대규모 금괴 밀수사건이었다. 밀수한 금괴는 이미 처분된 뒤였고 대금의 분배과정에서 분쟁이 발생하여 범죄가 발각된 것이다. 활어 수출선박 선원들인 10여 명의 밀수범들은 세관조사에서 모두 범행을 자백하였다. 그러나 검찰에 송치된 후 초범인 한 명만 자백하고 나머지 선원들은 일제히 범행을 부인하면서 세관 수사관들의 고문으로 허위자백했다고 강변하였다. 가장 젊은 선원 한 명이 자신의 단독범행이라고 주장하고 나머지 선원들은 밀수사실을 알지 못했다고 부인하는 것이다. 그러나 그 선박은 이미 밀수 우범선박이었고 대부분의 선원들이 밀수전과자인 점, 항로 자체가 비정상적이었다는 점을 종합 판단하면 범행의 혐의가 충분하였다. 문제는 물증이 없기 때문에 범인들로부터 자백을 받는 것 이외에는 범행을 입증할 방법이 없다는 것이었다.

자백을 받는 방법에는 두 가지가 있을 수 있다. 첫째는 물리적 압력 즉 고문에 의한 자백, 둘째는 논리적 추궁에 의한 자백 즉 자신의 진술이 전후 모순되는 점을 설명할 수 없거나 인간 양심의 호소에 마음을 열 때의 자백이다. 중세의 종교재판에서는 물증이 없는 경우가 대부분이므로 자백이 증거의 왕이라 하여 자백을 얻기 위한 고문의 폐해가 말로 형언할 수 없을 정도로 횡행하였다. 우리나라에서도 과거 수사기록에 보면 고문 사실을 버젓이 공기록에 남겨 놓은 사례가 있었다. 어느 지방검찰청에서 과거 수사기록을 정리하다가 발견한 내용 중에 이런 황당한 기록이 있었다.

"申告 接하고 現場出動하니 石石에 不穩삐라요 樹樹에 反政府 紙片이라. 容疑者 1名 逮捕하야 金巡警 一打하니 默默不答이요. 李巡警 二打하니 亦 不答이라. 朴巡警 三打하니 自白함이 如左하다."

지금 같으면 무죄의 직접 이유가 될 고문 사실을 버젓이 공문서에 기록해 놓은 것이다. 우스갯소리일 수도 있지만 시대적으로 볼 때 시사하는 바가 크다 하겠다. 논리적 추궁에 의한 자백을 받으려면 범인의 진술 전후에 모순되는 점을 날카롭게 지적해야 한다. 나는 자신의 단독범행이라고 주장하는 젊은 선원을 심문하였다.

문 금괴밀수를 위한 거액의 자금을 어떻게 조달했나요?

답 처음으로 배를 타고 일본 오사카에 도착하여 시내를 구경하는데 우연히 20여 년 전에 일본으로 밀항한 이모를 만나게 되어 그 집에 갔더니 자신은 일본에서 성공했는데 내가 너무 불쌍하다고 사생활에 보태라면서 일화 500만 엔을 주어 그 돈으로 좀 더 이익을 남길 욕심에서 금괴를 구입하여 다른 선원들 모르게 선박에 반입하여 숨겨 두었다가 귀국 하선한 후 혼자 숨겨둔 금괴를 들고 나와 처분하였습니다.

문 부피가 큰 물건인데 다른 선원들이 몰랐다는 것이 말이 되는가요?

답 이모가 저를 딱하게 여겨 자신이 쓰던 일제 전자제품 여러 개를 자루에 포장하여 주었다고 거짓말을 했습니다.

문 누구에게 어떻게 처분하였나요?

답 소문을 듣고 찾아온 사람에게 현금을 받고 금괴를 넘겨주었는데 인적사항은 모릅니다.

문 이모는 재일교포 거류민단에 등록되어 있는 사람인가요?

답 모릅니다.

문 만일 거류민단에 등록되어 있지 않으면 조총련 소속일 터인데, 조총련으로부터 공작용 금원을 받았다고 인정되면 국가보안법 위반의 범죄가 된다는 점을 알고 있나요?

답 모릅니다.

나는 조총련으로부터 거액의 공작금을 받은 것은 밀수범보다 더 무거운 범죄가 된다는 것을 그에게 주지시켰다. 협박성 추궁까지는 아니었지만 본인은 매우 곤혹스러운 모습을 보였다. 며칠간 생각할 기회를 준 다음 그를 다시 심문하였다. 그는 자신의 잘못을 반성하면서 밀수자금 중 자신의 몫은 10만 엔, 자신은 초범이므로 가볍게 처벌될 터이니 단독범행이었다고 허위 자백하면 가족들에게 충분한 보상을 하겠다는 선장과 다른 선원들의 은밀한 제의를 받아 허위 진술하였다고 고백하였다. 나는 그의 자백과 다른 정황증거를 종합하여 밀수범으로 선원 전원을 구속기소하였고 전원 유죄가 확정되었다.

범죄인들의 자백은 자신의 잘못을 뉘우친다는 의미이므로 그 자체가 나쁜 것은 아니다. 문제는 자백을 얻기 위해 고문의 방법을 사용하게 되면 심각한 인권침해가 발생하므로 현대 형사법에서는 엄격히 금지되어 있다. 고문이라고 하면 조지 오웰의 유명한 소설 『1984년』을 생각하게 된다. 그 세계에서는 고문이 반정부 범죄의 자백을 강요하기 위해 일상적으로 사용되고 있고 더 나아가 통치수단으로 널리 이용되기도 하였다. 거기에서의 고문은 단순한 물리적 폭력이 아니라 인격은 물론 최소한의 인간성마저 말살시켜 내면으로부터 우러나오는 진정한 복종심을 갖도록 인간을 개조하는 무서운 힘을 발휘하는 것이다. 고문은 반인류사적 범죄행위이지만 무서운 파괴력을 갖고 있기 때문에 아직도 세계 도처에서 그 마력을 발휘하고 있는 것이 우리의 현실이기도 하다.

자백의 또 하나의 문제점은 큰 범죄를 은닉하기 위한 수단으로 작은 범죄를 자백하는 경우이다. 이 밀수사건도 전원이 공

범인 사건을 한 사람이 단독범행이라고 자백하고 다른 이익을 취하려고 시도한 사건이었다. 수사기관에서도 합법적으로 이런 형태의 자백을 활용하는 사례가 있는데 명백한 범죄의 증거가 없을 때 작은 범죄를 자백하면 그대로 타협하는 "플리바긴(plea-bargain)"이라는 제도가 미국에서 시행되고 있고, 우리나라에서도 이 제도를 도입해야 된다는 유력한 견해가 있다.

그러나 형사법에 있어서 가장 중요한 것은 실체적 진실의 발견이므로 범죄의 축소행위를 가볍게 다룰 일은 아니다. 결국 자백을 얻기 위한 고문은 엄격히 금지되어야 하나 다른 큰 범죄를 은폐하기 위한 자백을 가볍게 용인해서도 안 되는 것이다. 범죄와 자백은 불가피하게 연결되는 것이지만, 증거수집을 위한 과학적 수사기법의 개발이 더 중요한 것이라는 점은 아무리 강조하여도 지나친 것이 아니다.

이 밀수사건에서는 지금도 남아있는 또 하나의 의문이 있다. 범행 자체를 부인하므로 밀수자금의 출처를 밝히는 데는 실패하였지만 당시 금괴의 국제시세가 국내시세보다 저렴하지 않았거나 오히려 고가였기 때문에 밀수로 인한 이득이 크지 않았던 점에 비추어 현금으로 금괴를 밀수하였다는 주장은 신뢰성이 희박하였던 것이다. 최근 보도에 의하여도 우리나라 금시장이 8조 원대에 달하고 그 중 80%는 지하경제에서 거래된다고 하므로 금거래에 어떤 속사정이 있는지 구체적으로 알 수는 없으나 상식에는 맞지 않는 것이었다.

당시 추측으로는 중국에서 밀수입한 필로폰 같은 마약을 일본 마피아에게 전달하고 그 대가로 금괴를 받아 온 것이 아닌가 하는 의문도 제기되었다. 그러나 그에 대한 증거가 없으므로 의문은 그대로 묻혀버리고 그 사건은 단순 밀수범으로 종결된 것이다. 오래전 어느 일본 검사가 『검사는 속으면서 성장한다』는 제목의 책을 발간한 바 있었는데 그 말이 맞는 것 같다는 생각을 하면서도 지금도 뒷맛이 개운치 않은 사건이었다.

범죄와 언론

신문이나 방송을 보면 하루도 빠짐없이 범죄기사가 나온다. 사회가 발전할수록 범죄도 증가하게 되지만, 언론도 의도적으로 범죄를 추적하여 이를 기사화하고 있다. 언론이 범죄기사를 중요시하는 이유는 일반인들에게 범죄로 인한 피해에 대비하라는 예방적 의미도 있겠지만, 범죄는 반드시 발각되고 범인은 체포되어 응분의 처벌을 받는다는 것을 경고하여 범죄 발생 자체를 억제한다는 의미가 더 크다.

따라서 언론의 범죄보도는 객관적이어야 하고 특히 흥미 위주의 보도, 선정적 보도나 편파적 보도는 사회에 또 다른 해악을 가져오므로 엄격히 금지되어야 한다. 그러나 가끔 언론 자체가 금기사항을 넘어 사실을 왜곡하고 범죄를 미화함으로써 언론의 본분을 일탈하는 안타까운 사례를 본다.

내가 경험한 언론도 바로 그런 모습이었다.

1980년대 초 서울지검 경제부 수석검사로 근무할 때의 일이다. 나는 담당업무도 경제분야였지만 고참 서열이었으므로 일반 민생사건인 절도나 폭력사건은 잘 배당되지 않았다. 그런데 어느 날 경찰로부터 송치된 구속사건을 배당받아 보니 수사기록이 여러 뭉치로 나뉘어 책상 위에 가득하였고 죄명은 단순한 상습절도 사건이었다. 기분이 좋지 않았지만 기록을 검토해 보니 특이한 사건이라는 생각이 들었다. 피해액이 수억대에 이르는 거액이었고 피해자들이 현직 장관, 전 국회의원 등 부유층이었으며 범인은 징역 7년을 복역하고 몇 달 전에 출소한 상습절도범이었다. 보통의 민생사범과는 다른 사건으로 고참 검사에게 배당된 이유를 이해할 수 있었다.

피의자는 경찰 진술대로 범행사실을 모두 자백하였다. 피해자들의 진술, 압수된 장물과 대조하여 공소사실을 특정하고 상습 거액절도범으로 기소하였다.

그리고 직전 재판에서 그에게 징역 15년을 구형한 바 있었으므로 이번에는 한 단계 올려 무기징역을 구형하고 그 당시의 법률에 따라 필요적 보호감호를 청구하였다. 이로써 나의 임무는 종료되었다.

그런데 이후 예기하지 못한 엄청난 사건이 발생하게 된다. 재판에서도 범죄사실을 모두 자백한 범인이 선고를 앞둔 어느 날 법원 구치감에서 환기통을 뚫고 탈주한 것이다. 언론은 톱기사로 보도하였고 사회적으로 큰 불안을 야기시켰다. 우여곡절 끝에 범인은 5일 만에 체포되었는데 체포 연행시 기자들에게 중형선고가 예상되어 도주하였다고 도주의 동기를 얘기했다고 한다.

이때부터 언론의 보도방향이 이상하게 흘러가는 것이었다. 탈주범이 고관대작 집만 골라 신출귀몰하게 도둑질을 한 대도(大盜)였다는 것이다. 며칠 지나자 범인이 훔친 돈을 가난한 사람들에게 나누어 준 현대판 홍길동이었다고 터무니없이 각색하여 보도하기에 이르렀다. 상습 절도범이 어느 날 갑자기 의적으로 둔갑한 것이다. 이 사건은 드디어 정치문제로까지 비화되어 국회에서 어느 야당의원이 고관 집에서 절취해 온 물방울 다이아몬드가 있다는데 현물을 국회에 제출하라고 요구하기도 하였다.

언론은 더욱 흥분하더니 담당검사가 권력·부유층을 비호하기 위해 피해 정도를 축소하고 법원에 과도한 구형을 하였다고 주장하기에 이른다. 절도 피해품인 장물은 경찰단계에서 이미 피해자들에게 가환부되어 검찰에서는 기록목록만 남아 담당검사는 구경도 하지 못하였고 피해품목이 워낙 많아 피해액을 축소해 주고 말고 할 상황도 못되었다.

결과적으로 상습 절도범은 의적이 되고 담당검사는 권력·부유층의 주구노릇을 한 것으로 보도된 것이다. 나는 참으로 답답하였다. 언론은 사회의 목탁이라고 하는데 이렇게 사실을 왜곡보도해도 되는 것인가. 과연 그 목적이 무엇인지 나는 이해할 수 없었다. 재판 결과 범인은 징역 15년에 필요적 보호감호처분이라는 중형에 처해졌고 이후 언론은 조용해졌다. 의적이 중형에 처해지다니 당시 언론은 무척 허탈했을 것이다.

30년이란 세월이 흘러 나는 언론 스스로 그 당시의 보도자세에 대하여 참회하는 기사를 쓴 것을 보고 쓴웃음을 감출 수 없었다. 어느 유력 일간지(2013.4.13.자)의 보도에 의하면 대도(大盜)는 시대가 만든 허상이었다는 것이다.

큰 집 위주로 털다 보니 고관대작집이 우연히 걸린 것이고 남들보다 힘이 셌을 뿐이지 신출귀몰의 도술을 부린 것도 아니며 걸인들에게 돈을 나누어 주었다는 것은 자기미화 내지 정상참작을 위한 위선이었다고 한다. 그렇다면 당시 언론은 왜 전문 상습절도범을 대도 내지 의적으로 만들었던 것일까.

위 일간지는 당시 사건을 취재한 일선기자들의 경험담을 이렇게 전하고 있다.

"고관대작집 절도라는 말을 듣고 데스크와 상의해서 기사를 대도라고 만들었다", "그 사건은 언론이 5공 정권을 조롱하고 저항하기 위해 대도를 전제하고 기사를 올렸던 측면이 있다",

"대도의 배경에는 당시 부자들에 대한 곱지 않은 국민 정서를 언론이 반영하고자 한 것이 아닌가 생각된다"

이어서 "5공 정권의 언론탄압으로 정치기사를 제대로 쓰지 못하던 언론이 이 사건을 하나의 분출구로 활용한 듯하다"고 결론짓는다.

요사이도 정치권에서는 고위층 인사들의 소위 막말파동으로 사회가 시끄럽다. 국가, 국민, 자기들 후손들에게도 결코 도움이 되지 않는 막말을 과연 무엇을 위해 토해내고 있는지 한심하기 짝이 없는 세상이다. 그러나 언론은 삼류 정치인을 닮아서는 안 된다. 언론은 사회를 이끌어가는 제4의 국가권력이다. 때문에 언론은 선정적, 흥미 위주의 보도, 욕구분출을 위한 왜곡보도를 해서는 안 된다. 그런 의미에서 이 대도사건이 언론의 위치와 자세에 대하여 다시 한 번 되돌아보는 계기가 되기를 기대한다.

이 코미디 같은 사건이 여기에서 끝났으면 나의 기억에서도 사라졌을 것이다. 그러나 이 어처구니없는 이야기는 끈질기게 계속된다. 이 사건이 있은 지 10여 년이 지난 후 나는 공직을 사임하고 변호사의 길을 택하였다.

변호사 생활을 한 지 2년쯤 지난 어느 날 어떤 방송사 기자가 "대도사건에 대한 인터뷰"를 신청하는 것이었다. 말도 안 되는 논쟁에 또다시 휩쓸리고 싶지 않아 인터뷰를 거절하였다. 1시간쯤 후 화장실에 가기 위해 사무실에서 나와 보니 기자 2명이 건물 복도에 그대로 앉아 있었다. 내가 나올 때까지 기다리고 있었던 것이다. 측은하기도 하고 미안한 생각도 들어서 촬영은 하지 말고 차 한 잔 하면서 얘기나 나누자고 하였다. 약속대로 촬영장비는 밖에 두고 사무실 소파에 앉아 차 한 잔 대접하면서 가벼운 마음으로 지난 사건의 전말을 얘기하고 기사화할 가치가 없다는 이유를 설명해 주었다. 그런데 며칠 후 그 내용이 1시간짜리 시사프로그램으로 방송되는 것을 보고 경악을 금치 못하였다.

내가 설명한 내용을 교묘히 편집하여 마치 당시의 담당검사가 잘못을 고백하는 것같이 방송한 것이다. 말하는 내 모습까지 촬영하였고 더구나 내 얼굴에 회색칠을 하여 몰골까지 이상하게 만들어 놓았다. 어떻게 이런 일이 있을 수 있을까. 곰곰이 생각해 보니 당시 두 명의 기자가 들어 왔는데 한 명은 만년필 같은 것을 들고 있었던 기억이 났다. 그것이 비밀촬영 기구였던 것이다. 그럴 줄 알았으면 차라리 당당히 촬영에 임하고 내 설명을 모두 방송해 줄 것을 요구할 것을 잘못했구나 하고 후회가 되었다. 명색이 변호사인데 이런 인격모독을 당해도 되는 것인가. 며칠간 잠을 못 이루다가 방송국을 상대로 고소하기로 결심하였다.

고소장을 작성하고 친구들에게 조언을 구하였다. 그러나 내

편은 아무도 없었다. 내가 아무리 억울하다 하더라도 방송국을 상대로 싸우는 것은 무리라며 참으라는 것이다. 분을 삭이고 이성적으로 다시 생각해 보았다. 내가 무슨 민주화 운동을 한 것도 아니고 정의의 투쟁을 한 것도 아닌데 한 절도범과의 우연한 인연으로 인해 왜 분노해야 하는가. 아무것도 아니라는 생각이 들었다. 그 젊은 기자들도 기사를 재미있게 만들어야 방송국에서 인정받을 것이 아닌가. 인터뷰 장면을 조작해서라도 시청률만 오르면 그들은 성공하는 것이 아닌가. 그 젊은 기자들의 잘못이 아니라 세태의 책임이고 언론문화의 책임이라는 생각이 들어 개인적 분노를 속으로 삭이기로 했다.

다시 10여 년의 세월이 흘렀다.

절도범은 형기를 마치고 출소하였고 출소 후 결혼도 하고 훌륭한 종교인이 되었다고 언론에서 보도하는 것을 보았다. 상습 절도범도 종교의 힘으로 새로운 삶을 살 수 있다는 것은 얼마나 위대한 일인가. 기독교 감리회를 창설한 요한 웨슬리의 "회심"의 의미가 가슴깊이 새겨지는 감동이 아닌가. 그의 앞길에 하느님의 은총이 가득하기를 진심으로 기원하는 마음이었다.

그런데 몇 년 후 그 절도범은 일본 동경의 부촌에 홀연히 나타나 또다시 신출귀몰한 절도행각을 벌이다가 나이 탓인지 경찰에 체포되고 말았다. 일본에서 3년 6개월을 복역하고 귀국한 후 또다시 2005년 마포에서 그리고 계속해서 서초동 등에서 절도행각을 계속하였다.

그때의 유력 일간지는 반성의 기사를 실었다. 그 일간지는 “그는 처음부터 잡범이었다. 대도라고 부른 건 시대가 만든 허상이었다”고 보도한 것이다. 30여 년에 걸친 미스터리는 이제야 풀린 것인가.

그를 미화함으로써 범죄를 각색하고 법을 우롱한 언론보도는 어떤 책임을 져야 하는가. 언론은 사회의 목탁이다. 어떤 이유에서도 범죄를 미화해서는 안 된다. 이 사건은 언론의 사회적 책임이 얼마나 무겁고, 그 영향이 얼마나 큰지를 가르쳐 준 교훈적 사건이라고 생각한다. 요사이 언론에서 지적하는 소위 “튀는 판결”보다 “튀는 기사”, “튀는 방송”이 더 무섭다는 것을 일깨워 주는 사례이다.

레미제라블

빅토르 위고(Victor Hugo, 1802-1885)는 프랑스의 위대한 시인, 소설가, 극작가다. 가장 왕성하게 활동하던 시기인 1862년에 불후의 명작 『레미제라블(Les Miserables)』을 출판하였다. 주인공 장발장(Jean Valjean)을 모르는 사람은 없을 것이다. 가난한 노동자로 불쌍한 조카들을 위해 빵 한 조각을 훔치다가 징역 5년을 복역하고 출소한 불쌍한 사람이다.

그는 사회를 증오하였고 사람들은 그를 거부하였지만 미리엘 신부는 그의 은접시 절도행위를 용서해 준다. 이때부터 이 주인공의 파란만장한 인생역정이 시작되는 것이다. 어릴 때는 만화로 보았고 젊을 때는 소설과 영화로 보았지만 얼마 전에 뮤지컬 영화를 볼 기회가 있었는데 또 다른 감동을 주었다. 시작

부분인 교도소에서의 강제노역 장면 그리고 마지막 장면인 혁명대원들의 대합창 장면은 장엄하고 비장하기 이를 데 없었다. 뮤지컬 영화가 아니면 표현할 수 없는 극적효과를 보여주었다.

소설은 워털루 전쟁이야기를 지루할 정도로 끌어가기도 하지만, 영화는 빅토르 위고의 강남 좌파적 시각에서 정치적 사회적 부조리를 충격적으로 고발함으로써 장발장에 대한 동정과 연민을 극대화한다. 종교적으로 볼 때 인간은 신으로부터 은혜를 받으면 회심(回心)으로 돌아가는 것이 상식이다. 장발장도 미리엘 신부의 용서를 받고 크게 개심하여 착한 사람으로 살다가 우여곡절 끝에 해피엔딩으로 일생을 마감하는데, 이에 관객들은 큰 감동을 받고 명작에 대하여 아낌없는 박수를 보내는 것이다.

그러나 나는 소설에서나 영화에서나 주인공인 장발장보다 그의 회심을 방해하고 걸림돌이 되고 끝없이 그를 괴롭히는 악역 자베르(Javert) 형사에게 더 큰 관심이 집중되었다.

영원한 사랑과 구원을 향하는 서사의 구조상 악마의 역할이 빠질 수 없는 것은 오히려 당연하다. 그런데 그 악마의 외침이 왜 메아리처럼 다시 돌아와 나의 가슴을 누르고 그의 죽음에 선뜻 동의할 수 없는 또 다른 회의를 불러오는가?

죄인도 구원될 수 있다는 명제는 전적으로 옳은 것이다. 그렇다면 그 죄업은 어디로 가는 것인가? 자베르 형사는 법집행인임을 자부하였다. 법은 지켜져야 하고 법을 어긴 자는 땅 끝까지라도 쫓아가 징벌해야 한다고 확신하고 있는 것이다. 그 원칙은 철저한 것이고 어떤 예외도 있을 수 없다. 법에도 눈물이 있다는 속담이 있으나 법이 눈물을 흘린다면 이미 그것은 법이 아니라고 자베르는 생각했을 것이다.

그는 냉정하고 정직한 사법경찰관이었다. 그러나 한순간의 우연한 사건이 그를 죽음으로 몰아넣고 말았다. 혁명의 와중에서 그는 혁명군에게 체포되었고 정부군의 정보원으로 판정받아 총살되기 직전 우연히 혁명군에 가담하고 있던 장발장의 기지로 살아나온 것이다.

다시 장발장을 체포할 기회가 왔을 때 자베르의 고뇌는 극에 달한다. 여기에서 이제까지 악역으로만 인식되던 자베르의 진면목이 나타나게 된다. 어떻게 할 것인가? 범죄인을 체포해야 되는가 포기해야 되는가? 이제 그를 체포한다면 나는 생명의 은인을 배반하게 되는 것이다. 은혜를 모르는 인간은 범죄인만도 못한 것이 아닌가? 내가 이제까지 그렇게 증오하며 쫓아오던 저 범죄인이 오히려 나보다 우월한 인간이란 말인가?

그럴 수는 없다. 그렇게 되어서는 안 된다. 나는 그를 체포할 수 없고 체포해서는 안 된다. 그렇다면 포기해야 되는가? 나는 법집행인이다. 법을 존중하고 법을 어긴 자는 법의 이름으로 처단함으로써 법을 지키는 법의 수호자이다. 범죄인의 체포를 포기한다면 나는 법의 수호자가 아니고 법 위에 있는 자가 되는 것이다.

내가 평생 추구해 온 모든 가치를 포기해야 하는가? 내 삶의 의미는 무엇인가? 다리 난간에 서서 다리 아래 강물의 흐름을 하염없이 바라보았다. 그때 그의 눈에 휘돌아치는 강물의 소용돌이가 보였다. 모든 것을 빨아들일 듯이 거세게 돌아가는 시커먼 소용돌이를 보고 그는 사색의 한계에 이른다. 그는 어느 것도 선택할 수가 없었다. 그렇다면 저 강물의 소용돌이가 해답인가? 소용돌이가 이 무거운 고뇌를 끝내줄 수 있을 것이다. 자베르는 지옥의 입구 같은 그 시커먼 강물의 소용돌이에서 새로운 희망을 보았는지 모른다. 불쌍한 소녀 코제트의 처절한 모습에서 희망을 찾은 장발장처럼.

자베르는 강물 속으로 뛰어내렸다. 나는 미리엘 신부의 손을 잡고 천당으로 올라가는 장발장의 영혼보다 시커먼 강물 속으로 뛰어내리는 자베르의 영혼이 더 긴 여운으로 심금을 울리는 것을 어찌할 수 없어 아무도 모르게 손수건을 꺼냈다. 며칠 동안 공연히 마음이 무거웠다.

얼마 후 어느 교도소에서 재소자들에 대한 교육이 있는데, 1시간 강의를 맡아 달라는 부탁을 받고 무슨 내용의 교육을 할까 고심하다가 장발장 이야기를 하기로 작정하였다. 성경의 로마서에 환난은 인내를 낳고 인내는 좋은 인격을 만들고 그 인격이 소망을 이룬다는 구절이 있는데, 장발장 이야기와 결합하면 좋은 강의 자료가 될 것 같아 강의안을 만들었다.

수형자 여러분들은 장발장같이 환난에 빠져있다는 것, 그러나 어떤 인연으로 회심을 하면 인내할 수 있는 힘이 생기고 인내는 새로운 사람, 새로운 인격을 만들어 준다는 것, 새로운 인격은 궁극적으로 여러분들의 소망을 이루게 한다는 것을 예를 들어 설명하였다.

그러나 교육은 실패작이었다. 아무도 경청하는 것 같지도 않고 감동은커녕 지금 무슨 쓸데 없는 소리를 하고 있는가 하는 분위기였다. 강의를 마치자 여러 사람이 질문이 있다고 하였다. 내 강의에 대한 반응인 줄 알고 반갑게 질문을 받았더니 전혀 다른 내용이었다. 억울하게 교도소에 들어와 있으니 재심절차나 자세히 알려 달라는 것이었다. 강사가 변호사이니 무료법률상담이나 해달라는 것이었다. 교화교육이 참으로 어려운 것이구나 하는 생각이 들었다.

며칠 동안 꿈속에서 미리엘 신부를 보았다. 그러나 돌이켜보면 수형자들로 인해 보람을 느낀 때도 있었다. 법무부 가석방 위원회 위원으로 있을 때였다. 원래 가석방 위원회는 각 교도소마다 설치되어 있었는데 가석방 기준이 통일되지 못하고 여러 가지 부작용이 있어 1996년에 법무부로 통합하여 전국에 있는 교도소로부터 가석방 신청을 받아 심사결정하게 되었다. 위원장은 법무부 차관이고 위원은 법무부 간부 4명, 외부인사 4명으로 구성되었는데 외부인사는 판사, 변호사, 교수, 여성으로 위촉되었고 나는 변호사로서 6년간 참여하였다. 위원으로 있는 동안 나는 확고한 신념 하나를 가지고 있었다. 현대판 장발장을 한 사람이라도 더 구제해 보자는 것이었다.

위원회는 매월 약 1000여 건 이상을 심사하는데 법무부 교정국에서 사전 검토하여 가석방 가능 건과 불가능 건 그리고 집중심사 건으로 분류하여 의견을 첨부해서 위원회에 자료를 제출한다. 나는 방대한 분량의 불가능 의견 부분을 세밀히 검토하여 그 중 생계형 범죄 일부를 집중심사해 줄 것을 위원회에 제안하고 이를 변호함으로써 매월 원안보다 4-5명을 추가로 석방될 수 있도록 노력하였다.

생계형 범죄는 다른 범죄와 달리 범죄인들만의 잘못이 아니라 사회 전체의 책임이다. 그들을 용서하고 따뜻하게 포용하지 않으면 그들은 사회를 증오하고 사회로부터 더 멀어져 사회악은 증가될 수밖에 없는 것이 아닌가? 종교적 구원의 의미까지는 아니라 하더라도 사회의 실용적 운영원리의 측면에서 보아도 생계형 범죄에 대하여는 최대한 폭넓게 용서하고 그 피해는 사회 전체가 보상하여야 한다. 나는 강남좌파는 아니지만 그런 주장을 계속하였다.

처음에는 교정당국에서 나의 주장을 못마땅하게 생각하였

다. 원래 가석방에 대한 입장은 범죄에 대한 법적 역할에 따라 다르게 되어 있다. 검찰과 법원 측은 가석방에 대하여 소극적이다. 수사와 재판 단계에서 이미 충분히 사정참작을 하였다고 보기 때문이다.

그러나 교정당국은 교정효과의 홍보, 교정시설의 한계, 교정복지실현 등의 이유로 가석방률이 높아지는 것을 환영하는 입장이다. 문제는 재범률이다. 가석방된 수형자가 남은 형기 내에 재범하게 되면 그 가석방은 잘못되었다고 비난받게 된다. 그래서 가석방률과 재범률이 가석방 결정의 중요한 지표가 되는 것이다.

교정당국은 나의 과도한 듯한 주장을 매우 위험하게 생각한 듯하다. 재범 가능성을 도외시한 단순한 동정론이라고 판단하였는지 모른다. 그런데 이상하게도 내가 강력히 주장하여 석방된 수형자들은 수년이 지나도 재범자가 없었다. 그것은 물론 나의 판단이 항상 옳았기 때문이 아니다. 석방된 사람들의 마음속에 감사의 회심이 있었기 때문이다. 그것은 누가 만든 것인가? 미리엘 신부가 만든 것이다. 오늘날 지금 이 순간에도 수많은 장발장이 태어나고 회심하고 연단되어 구원받고 있는 것이 아닌가?

교정당국은 나에 대하여 훈장을 상신하였다. 세계인권기념일에 나는 국민훈장 모란장을 받는 영예를 안았다. 나와 장발장과의 인연은 이렇게 오랫동안 지속된 것이다. 그를 평생 괴롭혔던 자베르 형사의 죽음에 오히려 안타까운 눈물을 흘렸던 나에게 장발장은 영예의 훈장까지 안겨준 것이다. 이제 다시 무엇을 하라는 말인가?

무죄와 유죄

변호사 개업을 하면서 나는 스스로 정한 몇 가지 원칙이 있었다. 마약사건, 조폭사건, 이혼사건은 변호하지 않겠다는 것이었다. 지금 생각하면 유치하고 어리석은 소행이었지만 당시에는 나름대로 이유가 있었다.

마약사건에 관여하면 마약사범들과 접촉하게 되고 자칫 잘못하다가는 그들에게 악용당할 수가 있다. 조폭사건은 대부분 수법이 잔인하고 피해 결과가 참혹하여 변호할 의욕을 잃어버린다. 이혼사건은 상대방의 약점을 모두 들추어내어 공개적으로 공격해야 하니 내 성격에 맞지 않는다. 이런 이유 때문에 그러한 사건은 수임하지 않았다.

그러나 변호사는 공익적 직업이므로 법적 기피 사유가 없는 한 변호를 거부할 수가 없는 것이다. 내란죄, 살인죄도 변호하여야 하고 국선변호도 성실히 수행할 의무가 있다. 그러나 어쨌든 나의 개인적 편견으로 인해 험한 사건을 수임하지 않았다.

그런데 딱 한 번 살인사건을 변호한 경험이 있고 그때의 정황이 오랫동안 기억에 남는다.

형사사건 변호의 방법은 대개 세 가지로 분류할 수 있다. 첫째는 사실관계이다. 범인이 과연 이 범행을 범했는가 하는 것이다. 둘째는 법률관계이다. 행위는 있으나 그것이 과연 법률 위반이 되는가이다. 셋째는 범행은 인정되나 정상에 참작할 사유가 있는가이다.

범인이 사실관계를 부인하면 문제는 복잡해진다. 흑백문제, 유무죄의 문제, 기본적 인권의 문제인 것이다.

이런 사례를 본 적이 있다. 여관방에서 애인과 다투다가 애인을 살해한 사건이다. 재판에서 엉뚱하게 범행을 부인하는 것이었다. 애인과 동침한 것은 사실이나 다투다가 혼자 먼저 여관에서 나왔다는 것이다. 수사단계에서 자백한 이유를 물으니 변명이 걸작이었다. 수사 담당경찰관이 빨리 자백하면 재판에서 집행유예로 석방되도록 해주겠다고 유도하여 허위 자백을 했다는 것이었다. 법을 잘 모르는 사람이라면 가능한 변명일지도 모른다. 그러나 범인은 직업이 경찰관인데 그 변명을 누가 믿을 수 있겠는가? 1, 2심에서 모두 유죄가 인정되고 중형이 선고되었다.

그런데 사건이 대법원에 계류 중일 때 경천동지할 사태가 벌어졌다. 진범이 잡힌 것이다. 범인은 경찰관이 여관방을 나온 직후 강도짓을 할 목적으로 바로 그 여관방에 침입하여 다시 잠들었던 여인을 살해한 것이었다. 경찰관은 무죄석방되었다. 그동안 억울한 옥살이를 한 것이다. 그러면 그는 왜 수사단계에서 범행을 자백하였는가? 애인에게 미안한 마음에서 자포자기했을 수도 있을 것이다. 아니면 수사 경찰관이 정황상 범행이 틀림없는데 같은 경찰관을 왜 힘들게 하느냐, 싸우다가 실수로 사망하게 되었다면 집행유예로 석방될 수 있으니 오히려 잘못했다고 자백하는 것이 더 유리하다고 유인했을지도 모른다. 어쨌든 비상식적인 사태가 발생한 것이다. 진실은 밝혀졌지만 열심히 무죄변론을 하였음에도 중형을 선고받은 변호사는 얼마나 허망할 것인가?

나의 경우에는 그런 황당한 경험은 아니었지만 지금까지도 풀리지 않는 의혹이 그대로 남아 있는 사건이 있다.

1990년대 초 현금 많기로 소문난 부자노인이 그의 자택 안방에서 목이 졸려 살해되었다. 범인은 즉각 체포되었고 범행을 모두 자백하였는데 범행동기가 기막혔다. 피살자의 젊은 부인으로부터 억대의 거액을 줄 터이니 남편을 살해해 달라는 부탁을 받았다는 것이었다. 연일 언론에 보도될 정도로 사회적 관심이 집중된 것은 당연했다. 평소 피해자 부부를 잘 알고 있다는 어떤 지인이 선배의 소개로 나의 변호사 사무실을 찾아왔다. 자기가 부인을 면회하였는데 범행을 완강히 부인하고 억울함을 호소하고 있으니 변호를 맡아 달라는 것이었다.

그가 전한 바에 의하면 그 젊은 부인은 미스코리아 선발전에 나갈 정도의 소문난 미인이었는데 어떤 인연으로 아버지뻘 되는 돈 많은 노인의 후처가 되었고 그 사이에 초등학생인 아들까지 두게 되었다. 당시에는 전처소생과의 불화로 가족 간에 분쟁이 생겨 별거하고 있었지만, 부부는 자주 만날 정도로 사이가 좋아 남편을 살해해야 할 정도의 원한관계가 없었다는 것이었다. 무죄를 주장한다는 바람에 나는 구치소에 찾아가 젊은 부인을 면회하고 그녀의 변명을 들었다. 진술내용이 사리에 맞는 것 같고 진술태도도 순수하고 진지해 보여 나는 사건을 변호하기로 작정하고 수사기록을 열람하였다.

범인의 자백내용은 이런 것이었다. 화장품 사업을 하던 처의 소개로 부자노인 부부를 알게 되어 잔심부름도 해주며 친하게 지냈는데 실직을 하게 되어 피해자에게 수차 취직부탁을 하였으나 거절당해 감정이 좋지 않았다. 그 즈음 젊은 부인이 별거하게 되면서 재산상속 문제를 걱정하다가 돈을 미끼로 살인을 부탁하여 범행에 끌려들게 되었다. 청부살인이었다는 것이다. 그러나 젊은 부인은 범행 가담 사실을 완강히 부인하였다. 그날 남편의 부름을 받고 남편 집에 와 있었는데 평소 알고 지내던 범인이 찾아와 안방으로 안내해 주었더니 잠시 후 범인과 남편이 언쟁하는 소리가 나는 것 같았다. 전에도 범인이 남편에게 취직부탁을 하다가 오히려 야단맞는 것을 몇 번 본 일이 있었기 때문에 무심코 있다가 나중에 들어가 보니 남편이 목 졸려 죽어 있었고 범인은 도주했다는 것이다.

누구의 말이 진실인가가 이 사건의 핵심이었다. 문제는 범행의 동기가 분명치 않다는데 있었다. 젊은 부인에게는 남편살해의 동기를 찾기 어려웠다. 일시 별거 중이었지만 부부관계가 극도로 악화된 것은 아니었고 생활이 곤궁한 상태도 아니었다. 돈이 탐났다 하더라도 전처소생들이 장성해 있었으므로 그 재산이 자기에게 당연히 돌아오는 것이 아니며 더구나 아들이 있으므로 언제나 상속권은 보장되어 있었다. 그런 상황에서 계획적으로 남편살인을 청부할 이유가 있었을까?

범인의 경우에는 심부름해 주던 주인에게 취직부탁을 하였으나 오히려 꾸중만 듣다가 따귀까지 맞았으면 이에 저항하다가 순간적으로 흥분하여 폭행할 수도 있을 것이다. 폭행이 지나쳐 치사에 이를 수도 있을 것이다. 그렇다면 폭행치사의 죄책만 지면 되는데 굳이 무거운 청부살인의 범죄를 자백하는 이유는 무엇인가? 피해자 부부나 범인 간에 어떤 말할 수 없는 사연 예컨대 치정관계 같은 것이 아닌가 하는 의문도 들었다. 그러나 범인이나 젊은 부인 모두 그런 관계는 전혀 없다고 주장하였고 다른 증거도 없었다.

그렇다면 범인은 폭행치사라고 주장할 수도 있는 상황인데 무슨 이유로 젊은 부인까지 끌고 들어가 그의 사주로 중죄인 살인죄를 저질렀다고 자백하는 것인가? 다른 무슨 숨겨진 이유가 있을 것이다.

나는 젊은 부인이 살인을 사주할 이유가 없다고 확신하고 여러 정황증거를 근거로 열심히 무죄변론을 하였다. 그러나 법원은 범인의 자백을 신빙성이 있다고 받아들여 모두 살인죄로 처벌하였다.

나는 1심 판결 후 변호인을 사임하였고 2심에서는 우연히 나의 친구가 변호인으로 선임되었다. 그도 열심히 무죄변론을 하였으나 2심에서도 역시 유죄가 선고되었다. 1심 변호인이었던 나와 2심 변호를 했던 나의 친구는 지금도 이 사건에 대해 무죄가 옳다고 생각한다. 그러나 당시 1, 2심 재판장이었던 전 판사들은 유죄를 확신한다고 회고하고 있다.

과연 유무죄의 한계는 무엇인가?

민주국가에서 재판은 증거재판이다. 특히 형사재판에서는 엄격한 조건하에 증거의 취사선택을 제한하여 억울한 재판결과를 방지하고자 한다. 그런데도 같은 사건에서 흑백으로 다른 의견이 나올 수 있는 이유는 무엇인가?

결국 인간의 능력에 문제가 있다. 인간의 능력에는 한계가 있기 때문이다. 진실 발견을 위해 수사, 재판에 종사하는 사람들, 범인을 변호하는 사람들도 인간이기 때문에 오류를 범할 수 있기 때문이다. 물론 그 때문에 3심제도라는 제도적 장치가 마련되어 있지만 숨어있는 진실을 밝히기는 결코 쉬운 일이 아니다.

유무죄의 한계는 증거에 있고 오늘도 모든 재판에서 증거 찾기에 전력을 기울이고 있을 것이다. 그럼에도 유력한 증거를 놓치거나 판단을 그르쳐 오판에 이르는 불행한 일이 가끔 발생하고 있는 것이 안타깝다. 그렇다고 인간에 대한 재판을 컴퓨터에 맡길 수는 없지 않은가?

유죄와 무죄, 당사자들에게는 천국과 지옥 같은 상황인데 증거를 믿느냐 안 믿느냐 하는 재판부의 판단이 그 상황을 가른다. 얼마나 어렵고 두렵고 무서운 일인가? 재판을 하는 사람들이나 받는 사람들 모두 재판 앞에 좀 더 겸허해져야 하는 이유가 여기에 있다.

사법개혁 유감

우리나라에서는 정권이 바뀔 때마다 항상 개혁대상으로 사법개혁이 도마 위에 오른다. 그 이유는 정권 초기에 국민에게 줄 선물용으로 말 없는 사법부가 가장 요리하기에 쉽다고 생각하기 때문일 것이다.

그러나 사법개혁은 그렇게 쉽게 되는 일이 아니다. 국민의 권리, 이익과 직접 관련된 중대문제이기 때문이다.

김영삼 정부와 김대중 정부도 집권 초기에 사법개혁을 거창한 슬로건으로 내세웠지만 성과 없이 끝나버렸다. 그런데 최초의 법조인 출신 대통령인 노무현 정부에서 이를 과감하게 밀어붙였다. 민관으로 구성된 사법제도개혁추진위원회를 통해 사법개혁 대상으로 5가지 주제를 선정하여 강력 추진한 것이다.

그 내용은 1. 법조인 양성제도(로스쿨 도입) 2. 법조일원화를 통한 법관의 전문화 3. 고등법원 상고부제 실시 4. 배심재판 도입으로 국민의 사법참여 5. 법률서비스를 위한 사법절차 개선이다.

추진결과 국회에서 거부된 고등법원 상고부제를 제외한 나머지 개혁안이 전격 실행되었다.

행인지 불행인지 나도 대한변호사협회장 자격으로 위원회에 참여하여 개혁의 현장에서 잘못된 방향에 대해 지적하고 개선하려고 노력하였으나 소임을 다하지 못해 부끄럽고 안타까운 심정이다.

사법개혁의 내용 중 가장 중요한 것은 법조인 양성제도였다. 지금까지는 사법시험을 통해 합격자를 선발하여 사법연수원에서 2년간 실무수습을 받게 한 후 판검사를 임명하고 변호사 자격을 부여하여 왔는데 이 제도를 로스쿨 제도로 바꾼다는 것이다.

로스쿨 제도는 4년제 대학을 졸업하고 3년제 법학전문대학원을 졸업한 후 변호사 자격시험에 합격한 자에게 변호사 자격을 부여하는 제도이다. 법학교수들과 시민단체들이 미국식 로스쿨 제도를 도입하자고 주장하는 이유는 다음과 같다.

첫째, 양질의 법률서비스를 저렴한 가격으로 국민에게 공급할 수 있다는 것이다. 결국 로스쿨을 통해 변호사를 대량 배출하여 변호사 비용을 대폭 낮추자는 것이다. 누구나 쉽게 변호사가 될 수 있고 저렴한 가격으로 법률서비스를 받게 하자는 것이다. 그러나 변호사의 대량 배출로 인한 변호사들의 질의 저하, 그로 인한 변호사 직분의 공공적 성격의 훼손, 즉 법률 상인들의 대거 출현이라는 부정적 측면은 외면하고 있는 단견임이 증명되고 있다.

둘째, 법조인의 국제경쟁력을 강화한다는 것이다. 현재의 폐쇄적 선발방식으로는 학부에서 다양한 전공을 한 전문가들을 법조인으로 양성하지 못하므로 국제화시대에 능동적으로 대처할 수 있는 전문법조인을 양성할 수 있는 제도가 로스쿨이라는 것이다. 그러나 국제경쟁력을 갖추기 위해서는 학부 정도의 전문가가 아니라 사법시험 합격 후 사법연수원에서 고도의 전문교육이 필요한 것이므로 경쟁력 강화는 이유가 되지 못한다.

셋째, 사법시험은 누구나 응시할 수 있으므로 고시낭인의 증가로 국가적 인력낭비를 초래하고 있으니 로스쿨이 이 문제를 해소할 수 있다는 것이다. 그러나 고시낭인의 문제는 전혀 별개의 사회 경제적 요인으로 인해 초래되는 것이므로 사법시험제도와 연결하는 것은 문제의 초점을 의도적으로 조작하는 논리에 불과하다.

넷째, 사법시험으로 법학교육이 부실화되고 있으므로 법학교육과 법조인 양성제도가 연계되어 있는 로스쿨제도가 필요하다는 것이다. 그러나 사법시험제도는 전문 법조인을 선발하는 제도이지 법학교육을 육성하는 제도가 아니며 법학교육은 학문으로서의 다양한 목표를 가지고 있음에도 이를 부실화한 것은 법학교육계의 잘못이라고 본다.

전통적으로 법조계에서는 로스쿨제도에 반대해 왔다. 그 논리적 이유는 다음과 같은 것이다.

첫째, 미국식 로스쿨제도는 다민족 국가인 미국의 특수한 제도로 법률문화가 다른 우리나라에는 맞지 않다는 것이다.

다민족국가로서 사회적 연대의식이 비교적 약한 미국에서는 사회질서 유지 및 갈등해소 방법으로 법을 통한 해결이 생활화되어 있다. 또한 판례나 선례를 중시하는 불문법 체계하에서는 일반 국민들이 법률문제에 접근할 능력이 없으므로 변호사 없이는 일상생활 자체가 불가능하다. 따라서 법률수요가 무궁무진한 미국시장에서는 대량의 변호사가 필요하고 그 육성방법으로 영리목적형 로스쿨제도가 창안된 것이다. 우리나라의 변호사제도는 성문법체계인 유럽형의 이념적 모델에 따라 영리목적보다 사회적 공공성에 기반을 두고 있으므로 미국과는 법률문화와 풍토가 근본적으로 상이하다.

둘째, 막대한 교육비용이 필요한 제도이다. 미국식 로스쿨은 세계 최고의 경제력을 바탕으로 엄청난 투자에 힘입은 인적 물적 시설의 완비를 통하여 우수한 법조인을 양성하고 있는 것이 사실이다. 여기에 엄청난 교육비용이 들어가는 것은 당연하다. 미국의 경우 로스쿨 1년 학비가 3만 달러에 달한다고 한다. 로스쿨 도입론자들은 대학교육의 정상화, 법률서비스의 향상을 큰소리로 외치면서 정작 교육비용에 대해서는 은폐하려고 한다. 일부에서는 대부제도, 장학제도 등 국가지원대책을 제시하는데 그 부담은 결국 국민에게 돌아가는 것이다. 더구나 사법시험은 서민들이 더 나은 삶, 발전적 사회진출을 스스로 개척하는 유일한 희망의 길인데 가난하고 배경 없는 많은 젊은이들의 유일한 희망마저 로스쿨로 인해 말살당해야 하는가?

셋째, 실무교육 부족으로 법조인의 질이 저하된다. 법조인 양성과정에서 실무교육이 가장 중요한 것은 당연하다. 로스쿨 3년 과정에서 이론교육하기도 벅찬 상황인데 실무교육까지 한다는 것은 처음부터 불가능한 일이었다. 미국에서도 로스쿨 졸업자들이 졸업 직후 법조현장에 투입되지 못하고 법률회사에 들어가 수년간 인턴교육을 받고 있는데 우리나라에는 그러한 교육을 담당할 기관도 제도도 없다. 사법연수원에 대체할 로스쿨을 졸업한 후에도 또다시 실무교육을 실시해야 된다면 그 비용은 누가 부담한다는 것인가?

넷째, 대학교육이 황폐화된다. 로스쿨은 태생적으로 실용법학만을 강조하게 되어 법의 원리와 법철학, 정의론에 대한 깊은 탐구 없이 기술적 법지식이나 소송기술의 전수에 그치게 되어 법학교육이 소송 만능주의, 법 상업주의로 전락할 위험이 있고, 모든 대학이 로스쿨 진학을 위한 입시 학원화하여 학문 간의 불평등을 초래하고 건전한 대학교육을 황폐화시킬 수도 있다는 것이다.

이상에서 본 바와 같이 논리적으로 본다면 우리나라에 미국식 로스쿨제도를 도입할 이유가 없다. 현행 사법시험제도는 누구나 응시할 수 있는 가장 공정한 시험제도이고, 사법연수원은 전 세계에서 가장 우수한 로스쿨이었다.

이러한 기존제도를 없애고 로스쿨을 도입하게 된 가장 큰 이유는 변호사를 대량 배출하여 법조의 문턱을 낮추자는 것이었다. 그런 이유로 국회에서 법사위의 전문 검토도 없이 국회의장 직권으로 사립학교법과 패키지로 본회의에 상정되어 처리되는 무성의하고 무책임한 입법과정을 통해 로스쿨제도가 도입된 것이다.

2007년부터 시행되어 로스쿨 도입 8년째를 맞는 오늘날의 결과는 어떠한가? 이미 예견하였던 부작용들이 나타나 언론에서 문제점을 지적하고 나섰다.

첫째, 비싼 로스쿨 비용 때문에 경제적 취약계층의 법조계 진입이 막혔다는 것이다. 대학연구팀이 변호사가 되는 비용을 계산하였는데 고등학교 졸업 후 변호사 자격취득하기까지 사법시험의 경우에는 1억 8,000만 원이 필요한데, 로스쿨의 경우에는 3억 5,000만 원이 소요된다고 하였다. "현대판 음서제" 혹은 로스쿨과 MBA는 돈으로 사는 것이라는 말이 나올 정도로 고비용 저효율 제도가 되었다는 것이다. 학생들의 어려움만이 아니라 로스쿨 자체도 재정난에 허덕이고 있다. 국회에 제출된 자료에 의하면 25개 로스쿨 중 17개 대학이 재정난을 겪고 있다고 한다. 로스쿨이 적자누적 속에 학교엔 "계륵"이 되고 학생들에겐 "등록금 블랙홀"이 되고 있다는 지적이다.

둘째, 실무교육의 부족으로 서비스의 질이 저하되고 있다는 것이다. 대륙법체계인 국내법 특성상 방대한 법률을 제대로 소화할 수 있는 절대적 시간이 부족하고 실무도 현직 판검사가 가르치는 사법연수원과 달리 현직을 떠난 법조인들이 가르치면서 현장과 동떨어진다는 지적을 받는다. 현행 로스쿨제도는 반드시 수술대에 올라야 하고 더 늦기 전에 법조인 양성제도의 개선에 대한 범사회적 논의를 처음부터 다시 시작해야 한다고 언론은 지적하고 있다.

이러한 문제점들은 이미 충분히 예견된 것이었다. 때문에 변호사협회는 로스쿨 도입을 적극 반대해 왔던 것이다.

당초 법률시장 개방으로 시장규모가 확대될 것에 대비해 다양한 전문분야와 국제경쟁력을 갖춘 법조인을 양성할 수 있고, 가난한 학생들에게는 폭넓은 장학제도를 시행하겠다고 강변하던 법학교수들과 시민단체들은 아무 말도 하지 않는다.

사법제도가 이렇게 포퓰리즘에 말려 개악으로 흘러가도 되는 것인가?

원래는 대법원과 법무부도 로스쿨 도입 반대의견이었다. 법무부야 행정기관이므로 대통령의 의사를 거역하기 어렵다 하더라도 대법원이 이를 수용한 이유는 무엇일까?

로스쿨의 문제점은 충분히 인식하고 있었다. 그럼에도 이를 수용하게 된 것은 고등법원 상고부제를 도입하기 위한 방편이 아니었는가 하고 나는 추측한다. 대법원의 대법관 1인당 사건 부담이 연 3,000건 이상인 현실에서 대법관 인원수를 늘리지 않고 해결할 수 있는 길이 고등법원 상고부제라고 판단하였고 이를 실행하기 위해 로스쿨제를 받아들인 것이다.

그러나 고등법원 상고부제는 국회에서 통과되지 못하고 로스쿨제도만 약식절차로 긴급 도입되었던 것이다.

일본의 경험도 참조하고 충분히 검토하고 시행되었어야 할 로스쿨제도가 아무 준비 없이 국제 경쟁력강화, 저렴한 법률비용이라는 허울 좋은 명분에 밀려 오늘의 난감한 처지에 이른 것이다.

이제 어떻게 할 것인가? 고비용 문제는 장학제도를 장담한 학교 측과 정부에서 책임을 져야 한다.

실무교육 부족에 대해서는 다시 교육을 실시할 수밖에 없다. 많은 비용과 노력이 소요되는 일이지만 법조인의 질이 저하되어 국민의 부담이 커지는 것을 막아야 되지 않겠는가? 그리고 로스쿨로 인해 갑자기 대량 배출된 법조인들의 생계문제에도 사회적 관심이 있어야 된다. 사법시험제도를 존치시켜야 된다는 재야 법조인들의 의견도 경청해야 된다.

사법개혁은 정치개혁이나 경제개혁과 달리 신중에 신중을 기해야 한다는 점을 명심할 일이다.

정의란 무엇일까?

미국 하버드 대학교의 마이클 샌델(Michel Sandel) 교수가 몇 년 전에 『정의란 무엇인가』라는 저서를 발간하였다.

미국에서 10만 부가 판매되었다는 이 책이 한국에서 번역 출판되자 100만 부 이상이 판매되는 초베스트셀러가 되었다. 이 책이 유독 한국에서 인기가 있었던 이유는 무엇인가? 한국인들이 정의에 목말라 있다는 뜻인가? 정의라는 용어에 특별한 매력을 느끼고 있는 것인가? 지금도 그 이유를 알 수 없지만 나도 한 권 구입하여 일독할 기회가 있었다. 아리스토텔레스에서부터 벤담과 칸트를 거쳐 존 롤스에 이르기까지 정의론을 설명하고 공동선으로 마무리하는 명저이다. 그러나 독자들에게 인내를 강요하면서도 감동은 별로 없는 그런 책이라고 생각한다.

법학을 공부한 사람이라면 누구나 한번쯤은 "정의란 무엇인가" 하는 의문을 갖게 된다. 왜냐하면 법의 이념, 법의 목적이 바로 이 정의이기 때문이다. 정의의 개념은 다의적이다.

사전에 의하면 정의를 "진리에 맞는 올바른 도리, 지혜 · 용기 · 절제가 각각 그 법도를 지켜 완전한 조화를 이루는 일"이라고 한다.

고대 그리스의 철학자 트라시마코스는 "정의는 지배자 또는 힘 있는 자가 자신의 이익을 정당화하기 위하여 만들어 낸 술책"이라고 하였다.

플라톤은 정의의 근본문제를 사회적 계급의 적대관계로 파악하였다. 지배계급은 정치적 권리를, 피지배계급은 경제적 권리를 분점하는 것이 정의라는 것이다. 지식있는 자, 능력있는 자가 지배하고, 시민들은 경제적 이익을 누리는 정치가 정의라고 하였다.

아리스토텔레스는 누가 지배하느냐가 아니라 어떻게 지배하느냐가 중요하다고 보고, 정의의 본질은 평등이라고 하였다. 그는 유명한 니코마코스 윤리학에서 정의를 평균적 정의, 일반적 정의, 배분적 정의로 분류하고, 정치, 사회, 경제의 각 분야에서 그 가치를 찾아야 한다고 하였다.

로마의 법학자 울피아누스는 "각자에게 그의 몫을 돌려주고자 하는 항구적 의지"라고 정의한다.

샌델 교수는 관점을 달리하여 정의의 내용을 설명하고 있다. 공리주의 입장에서는 최대다수의 최대행복이 정의라고 한다. 그러나 행복을 계량화할 수 있느냐도 문제지만 소수가 다수의 행복 때문에 희생되어야 하는 것도 문제다. 자유주의 입장에서는 개인의 자유와 평등한 권리를 옹호하고자 한다. 즉 기회균등의 원칙과 능력이나 성과에 따른 배분이 정의라는 것이다.

그러나 그 자유는 내 마음대로의 자유가 아니라 해야만 하기 때문에 하는 자유를 말한다. 칸트의 도덕, 자유, 이성을 기반으로 하는 자유주의 입장은 자유를 강조하면서 또 다른 자유의 이름으로 자유를 억압하게 되는 역설을 만든다. 뿐만 아니라 정언명령에 의한 실천이성의 법칙 속에 행동할 만한 일반인은 없으므로 오히려 평등을 보장할 수 없다는 문제가 있다.

공동체주의 입장에서는 정의는 미덕을 키우고 공동선을 고민하는 공동체적 결정이라고 한다. 미덕 그리고 좋은 삶에 기여할 수 있는 공동체적 원칙이나 절차 즉 분배를 포함한 올바른 가치측정의 문제라는 것이다. 샌델 교수는 이 공동체적 이해방식을 지지한다고 하였다.

법철학의 관점에서 보면 정의는 하나의 사회가치이다. 정의는 진선미라는 인간 가치에서 도출될 수 없는 독자의 가치이며 실천의 목표가 되는 이념가치라고 한다. 즉 사회를 구성하고 유지하기 위하여 사회 구성원들이 공정하고 올바른 상태를 추구해야 하는 사회가치를 말한다.

인간은 천부적인 존엄성과 가치창조의 연속을 위해 자유를 열망한다. 따라서 사회적, 정치적 자유를 위해 끝없이 투쟁해 왔다.

그러나 인간은 사회적 동물이므로 인간의 자유도 어떤 사회단체를 전제로 하여야 한다. 단체주의의 생명은 통제에 있고 통제의 목표는 평등이다. 자유는 개인주의적 정의요, 평등은 단체적 정의라고 할 수 있는 것이다. 그런데 자유와 평등은 상호 대립되는 관념이다. 인간은 그 사회성으로 인해 개인성과 단체성이 모두 필요하다.

개인의 자유와 단체의 평등은 각각의 개인주의와 단체주의를 지양하여 고차적인 협동주의로 발전하게 된다. 협동사회에서는 개인적 정의와 단체적 정의 즉 자유와 평등이 조화와 균형을 이루는 평화를 구현할 수가 있다.

따라서 자유와 평등, 평화가 법철학적 측면에 있어서의 자연법적 정의라고 설명할 수 있는 것이다.

우리나라 대법원 앞을 지나가다 보면 정문 바로 위에 자유, 평등, 정의라고 새겨놓은 현판을 볼 수 있다. 자유, 평등 이외에 정의라고 하는 또 다른 이념이 있는 것처럼 보인다. 정의가 자유, 평등을 그 내용적 가치로 하고 있다는 교과서의 내용과는 다르다고 할 수 있다. 많은 학문적 연구결과이겠지만 전통적인 개념과는 다른 것 같아 그곳을 지날 때마다 의아한 생각이 든다.

어느 나라에서나 법과 관계있는 기관에 가면 정의의 여신상이 세워져 있는 것을 볼 수 있다.

로마신화에 등장하는 정의의 여신 유스티티아(Justitia)이다. 정의의 여신은 언제나 두 눈을 안대로 가리고 있고 한 손에는 저울, 한 손에는 칼을 들고 있다. 안대와 저울은 편견 없는 평등을 강조하는 것이고 칼은 법의 강제력을 의미한다고 한다. 그런 의미에서 정의의 본질은 평등에 있다고 말한 아리스토텔레스의 견해가 옳은 것은 부정할 수 없다. 그러나 그도 노예제를 옹호하는 입장이었으니 대철학자도 스스로 모순을 범하고 있다는 것이 보통인들로서는 흥미로운 일이다.

법의 강제력과 관련하여 중국의 고사가 하나 있다. 사람을 잡아먹는 무서운 괴물이 있는데 반드시 악행을 한 사람만 잡아먹으며 도망가더라도 끝까지 쫓아가 잡아먹는다는 것이다. 그 괴물의 이름이 법(灋)이며 오늘날 法이라는 문자의 원형이라고 한다. 법은 도덕과 달리 강제력을 갖는 것이 특징이나 그 강제력도 평등할 때만 정의를 실현하는 것이 될 것이다.

어쨌든 법철학적으로 볼 때 정의는 법의 목적이며 그 내용은 자유, 평등, 평화라고 하면서 본질은 평등이라는 점을 강조하고 있다. 그러나 나는 정의의 본질은 자유와 평등을 조화시키는 평화라고 생각한다.

자유와 평등은 항상 대립하고 상호 견제하는데 중용을 이룰 때 평화가 오며 한쪽이 기울면 평화가 깨지고 전쟁이나 혁명과 같은 무력투쟁이 발생하게 되어 정의가 무너지는 것이다. 인간사회의 최고 가치는 평화다. 자유나 평등은 평화를 위해 존재하는 것이며 평화가 깨지면 자유와 평등의 존재가치도 희석된다.

그렇다면 평화를 이루는 구체적 방법은 무엇일까? 자유와 평등의 균형과 조화라는 방법은 너무 추상적이다. 정의를 구현하는 실천적 방법은 무엇인가?

정의의 개념이 다의적이라면 종교적 관점에서 정의를 이해할 수도 있을 것이다.

모든 종교는 평화를 기원한다. 기독교에도 하늘에는 영광, 땅에서는 평화라는 기도문이 있다.

하늘의 영광은 창조주 하느님을 공경하는 것이다. 하느님을 공경할 때 인간은 주관적, 심리적 자유, 독단과 편견의 자유, 사적 존재와 이익을 전제로 하는 자유를 극복하고 자유의 자기 속박을 통해 객관적, 사회적 자유를 얻게 된다. 객관적, 사회적 자유야말로 정의의 기초인 사회적 가치로서의 자유인 것이다. 땅에서의 평화는 숙명적으로 사회를 형성하여 생활해야 하는 인간들의 상호관계이다.

사회 구성원 사이에는 그 사회적 가치에 차이가 없어야 한다.

어느 사회나 국가도 차별이 행해질 때 계급의식과 불평등의식이 발생하고 그것은 항상 평화를 위협하게 되므로 평화를 위해서 평등개념이 정의의 내용으로 등장하게 되는 것이다.

평등은 어떻게 이루어질 수 있는가? 개인의 자유를 통제, 구속할 수밖에 없는데 이 때문에 자유와 평등이 항상 충돌하게 된다. 그렇다면 조화를 이루는 가장 좋은 방법은 무엇일까? 자유의 자기 속박이다. 그것은 타자에 대한 배려, 이웃에 대한 사랑으로 실천되는 것이다. 결국 땅에서의 평화는 이웃에 대한 사랑으로 연결될 수밖에 없다고 하겠다.

기독교 성경에 보면 한 바리새인이 예수께 질문한다. 율법 중 어느 계명이 가장 중요합니까? 예수께서 가라사대 첫째, 진심으로 너의 하느님을 사랑하라 둘째, 네 이웃을 네 몸과 같이 사랑하라고 하셨다.(마태복음 22:36~40)

결론적으로 하느님을 공경하고 이웃을 사랑하는 것이 창조주 하느님의 가장 중요한 계명이고, 여기에서 자유와 평등개념이 출발하여 평화를 본질로 하는 정의가 실천된다고 보는 것이 기독교적 정의관이다.

이런 관점에서 법의 기초가 하느님의 계시에 있다는 현대 법신학이 학문적 관심의 대상이 되고 있으며, 이 점에 관해서는 이 책의 마지막 장에서 상세히 언급하고자 한다.

chapter | 3

역사의 세계에서

변호사가 본
이성의 세계
감성의 세계

역사를 돌리는 축(軸)

역사학에서는 세계사를 서양사와 동양사로 구분한다. 서양사는 유럽이 중심이고 동양사는 중국 대륙이 중심이다. 동서양이 지역적 환경과 민족, 문화가 상이하므로 연구방법도 다르겠지만 결국 서양사는 기독교가 중심이고 동양사는 중국의 역사가 중심이 될 수밖에 없을 것이다.

그런데 서양사와 동양사가 독자적으로 발전하는 것이 아니라 고대로부터 서로 연결되어 있다는 것이 흥미로운 일이다. 동서양의 역사는 상호교류가 없는 고대사회에서부터 서로 연결되어 형평을 유지하고 있고 통일을 지향하고 있다는 것이다. 역사에 과연 원칙이 있는가라는 의문이 있을 수 있지만 어쨌든 재미있는 현상이다.

기원전 1000년에서부터 서기 2000년까지 3000년간의 동서양의 역사를 100~300년 단위로 나누어 고찰하면 이상하게도 서로 닮은 모습을 발견하게 된다.

① 기원전 10세기경 서양에서는 중동지역에 다윗(David)이라는 히브리족이 히브리 왕국을 건설하는데 중국에서는 희발(姬發)이 은(殷)나라를 멸하고 주[西周]나라를 건국하고 있다. 바야흐로 건국의 시대인 것이다. 다윗의 아들 솔로몬은 수많은 미녀를 거느리고 호화생활을 즐기는데, 그 시절 주나라 목왕(穆王)도 준마를 타고 천하를 순회하며 즐기다가 곤륜산 옥산봉에서 옥황상제의 부인 서왕모(西王母)를 만나 염문을 뿌리고 있다.

② 기원전 6세기경 서양에서는 유대왕국이 신바빌로니아에 의해 멸망하고 유대민족은 바빌론으로 끌려가 노예생활을 한다(기원전 586-538년). 그때 제2의 이사야라는 예언자가 나타나 이스라엘은 야훼 하느님의 종이므로 유대민족만이 아니라 전 인류를 구원해야 한다는 희망의 메시지를 전함으로써 유대교를 보편적이고 범우주적인 종교로 승화시킨다. 같은 시기에 동방에서는 석가모니(기원전 624-544년)와 공자(기원전 551-479년)가 나타나 불교와 유교라는 엄청난 종교세계를 만들어 놓았다. 이 시대는 종교의 시대였던 것이다.

③ 기원전 4세기에는 그리스의 변경 도시국가에 불과하던 마

케도니아의 젊은 군주 알렉산더 대왕이 보병 3만 명, 기병 5천 명의 군대를 이끌고 동방원정의 길에 나선다. 소아시아의 이수스(Issus)에서 페르시아 다리우스 3세의 8만 대군과 만나 세기의 격전을 치르고 페르시아군에 대승함으로써 이집트, 페르시아, 인도에 이르는 알렉산더 대왕의 동방 대원정은 성공적으로 수행된다.

같은 시기의 중국은 전국시대였다. 전국 칠웅들이 할거하며 수백 차례에 걸쳐 크고 작은 전쟁을 치르면서 설득과 화친과 동맹과 전쟁으로 국력을 키워 나갔다. 이때 유명한 소진(蘇秦)의 합종책, 장의(張儀)의 연횡책 등의 계략이 역사에 남는다. 이 시대는 전쟁의 시대였던 것이다. 재미있는 것은 이 참혹한 전쟁과 혼란의 시대에 동서양에서 역사상 최고의 철학자들이 활약하였다는 점이다. 그리스의 철학자 아리스토텔레스(기원전 384-322년)는 알렉산더 대왕의 스승이었고 전국시대 중국 산동반도의 소국 추(鄒)나라에서는 맹자(기원전 372-289년)가 유가의 대를 잇고 있다. 세상이 혼미하고 어려운 때일수록 예언자, 철학자, 성자들이 다수 출현하고 있는 것도 역사의 한 특징이다.

④ 기원전 후 세기에는 기원전 27년에 아우구스투스(Augustus)에 의해 로마제국이 건국되었고 중국에서는 서기 25년에 광무제에 의해 후한(後漢)이 건국된다.

다시 건국의 시대로 돌아가는 것이다. 이때부터 로마제국과 후한은 서로 사신을 파견하여 동서 교류의 물꼬를 트게 된다. 이 시기에 경천동지할 대사건이 발생하는데, 서양문명의 기본을 만든 예수 그리스도가 탄생하였고(기원전 4년) 동양사상의 주류를 이루는 불교가 중국에 전래된 것이다(서기 65년경).

메시아의 성육신, 십자가 고난, 부활과 승천으로 이어지는 기독교의 대서사는 인류의 구원사상과 연결되어 서양사의 부동의 토대를 이룬다.

반면 불교는 실크로드를 따라 중국에 전래된 후 큰 저항 없이 중국의 기본 종교로 자리 잡는다. 물론 전통 유교로부터 "삭발출가"는 효 사상에 어긋나는 것이고 사회적 책임을 무시하는 행위라는 비난이 있었지만 무위(無爲)사상의 도교와 불교의 공(空)사상이 결합함으로써 동양의 종교사상으로 성장하는 것이다.

⑤ 4세기에는 로마제국으로부터 배척되고 적대시되고 핍박받던 기독교가 콘스탄티누스 대제 시대에 이르러 밀라노 칙령(313년)으로 공인되어 종교의 자유를 얻고 니케아 공의회(325년)를 통해 삼위일체 교리를 확립해간다. 불교는 서역의 쿠차에서 온 구마라집(鳩摩羅什, 314-413년)에 의해 중국의 대승불교로 완성되고 인도에서는 굽타 왕조의 아상가[無着, 300~390년?], 바수반두[世親, 310~400년]에 의해서 존재하는 것은 오직 마음[識]뿐이라는 유식론(唯識論)이 성립되어 불교가 허무주의로 빠지는 것을

반성하도록 불교교리를 정리하고 있다. 이 시기는 다시 종교의 시대인 것이다.

⑥ 6세기에는 다시 전쟁의 시대가 도래한다.

서양에서는 동로마제국의 유스티니아누스 대제(재위 527-565년)가 이탈리아를 지배하던 동고트왕국과 싸우고 북아프리카의 반달왕국과 전쟁하여 과거 로마제국의 영토를 회복하였다. 특히 그는 전쟁만이 아니라 소피아 성당을 건축하고 로마법대전을 만드는 등 큰 업적을 쌓아 대제라는 칭호를 얻었다. 그러나 유스티니아누스 대제가 사망한 후 동로마제국은 축소되어 그리스화됨으로써 점차 그 세력을 잃어가고 중동에서 이슬람교를 창시한 마호메트의 추종자들이 사라센 제국을 건설하여 유럽과 아프리카까지 그 세력을 크게 확장하였다(622년 헤지라).

중국에서는 수(隋)나라 문제(文帝, 541-604년)가 400여 년 간의 혼란기에 종지부를 찍고 중국을 통일하기에 이른다. 그러나 그의 아들 수양제의 대규모 토목공사와 고구려 침공의 실패 등 실정으로 수나라는 멸망하고 중국을 역사상 가장 번영케 하였던 당나라가 발흥한다(618년).

사라센과 당나라는 751년 중앙아시아의 탈라스(Talas)에서 대전투를 벌이게 되고 당시 당나라의 장군이었던 고구려 유민 고선지 장군이 패배함으로써 당나라의 서진정책은 종막을 고해야 했다.

⑦ 10세기는 다시 건국의 시대다.

서양에서는 오토 1세가 교황으로부터 로마황제의 관을 받아 옛 동프랑크 지역에 신성로마제국이 탄생하여(962년) 독일제국의 기초가 되었고, 중국에서는 조광윤(趙匡胤)이 5대 10국의 혼란을 평정하고 송나라를 건국하여 문화대국을 이룬다(960년).

⑧ 11세기에는 종교의 시대로 돌아가 서양에서는 동서교회의 분리라는 대사건이 발생한다(1054년). 기독교는 로마, 콘스탄티노플, 안티오키아, 알렉산드리아, 예루살렘의 5대 교구가 동등한 권한을 행사하여 왔다. 그런데 로마 교구와 동방의 교구 특히 콘스탄티노플 교구와는 정치적, 교리적 이유로 반목이 계속되었다. 교리문제는 성상숭배의 문제(서방교회는 찬성, 동방교회는 반대)와 성경해석의 문제(서방교회는 성령이 성부와 성자로부터 유출된다고 보고 동방교회는 성부에게서만 유출된다고 보았다)이고, 정치적 문제는 로마 주교와 콘스탄티노플 주교와의 주도권 다툼이었다. 결국 양 교구의 주교들은 서로 상대방을 파문함으로써 동서교회는 로마카톨릭과 동방정교회로 분리되고 만다.

그때 동양에서는 당나라 이후 불교가 융성하면서 내세적이고 사변적인 사상이 대중을 지배하게 되어 그 폐해가 커지게 되고 이를 비판하는 유교사상이 등장하게 되는바 이것이 성리학(性理學)이다. 성리학은 송(宋)나라의 주돈이(周敦頤, 1017~1073년), 정호(程顥, 1032~1085년), 정이(程頤, 1033-1107년) 등에 의하여 "만물의 본성이 하늘의 이치다[性卽理]"라는 자연과학적, 실천적 사상으로서 주희(朱熹, 1130-1200년)에 의하여 완성된 신유학(新儒學)이다.

이 성리학은 지방영주들의 세력을 억제하고 중앙집권적 국가를 이루는데 큰 역할을 담당하였으나 이를 수입한 우리 조선에서는 폐쇄적, 배타적, 명분론적 학문으로 변질되면서 국가운영의 기본사상으로서는 실패한 사상으로 평가되고 있다.

어쨌든 11세기에는 동서교회가 분리되고 주자학이 새로운 유학으로 등장하는 종교의 시대를 이루고 있는 것이다.

⑨ 12세기부터는 전 세계가 전쟁의 소용돌이에 빠져들었다.

서양에서는 십자군 전쟁이라는 무모한 전쟁이 발발하였고(1096-1270년), 동양에서는 몽고의 대정복전쟁이 시작된 것이다(1206-1224년).

성지 예루살렘 탈환을 목적으로 시작된 십자군 전쟁은 기독교군이나 이슬람군 모두에게 엄청난 피해만 입히고 각자 얻은 것은 없는 추악한 전쟁으로 끝났지만 서양사에 미친 영향은 엄청나게 큰 것이었다.

중세를 지배한 교황권과 지방영주들의 세력이 약화되고 각국의 왕권이 강화됨으로써 중세 봉건제도가 무너지고 근세로의 길로 들어서게 된다. 또한 고대 그리스의 철학, 문학 등 고전문화와 이슬람의 의학, 수학, 천문학 등 과학문명이 유럽에 전해지면서 중세문화가 크게 향상되었고 이것이 르네상스를 시작하는 발판이 된 것이다. 뿐만 아니라 200년에 걸친 전쟁을 통하여 사자왕 리처드 1세(1157~1199년), 살라딘 등 전쟁영웅들이 탄생하고 「니벨룽의 노래」 등 영웅담들이 만들어져 중세문학이 꽃을 피운다.

한편 동양에서는 서양의 십자군 전쟁이 한창일 때 칭기즈칸[成吉思汗, 1162-1227년]이라는 영웅이 나타나 중앙아시아를 평정하고 특유의 유목 기마군단으로 알타이 산맥을 넘어 호라즘 지방을 정복하고 러시아까지 진격하는 대원정으로 역사상 가장 광대한 몽골제국을 일으킨다(1219-1224년). 몽골 고원에서부터 카자흐스탄, 우크라이나, 헝가리 평원에까지 이르는 8000km 대초원제국을 건설한 것이다.

몽골군은 그 기민성, 잔혹성으로 인해 서양인들에게 공포의 대상이었으나 제국 건설 후에는 동서문화의 교류가 활발하게 이루어졌다. 특히 불교, 이슬람교, 기독교를 모두 수용함으로써 이질적이고 적대적인 종교가 상호 공존할 수 있는 포용의 사회를 건설하였다는 데 큰 의의가 있다.

⑩ 전쟁이 끝나면 13세기 건국의 시대가 온다.

서양의 신성로마제국은 합스부르크 왕가의 통치하에 들어가고(1273년), 프랑스를 제외한 유럽은 향후 600년간 합스부르크 왕가가 지배한다. 또한 소아시아 지방에서는 오스만 투르크가 발흥하여(1299년) 500년간 지중해와 발칸반도를 지배하는 이슬람 제국을 건설하였다. 중국에는 칭기즈칸의 손자 쿠빌라이[薛禪可汗]가 남송을 멸하고 중국을 통일하여 원(元)제국을 건국한다(1271년). 몽골국은 마상전투에는 강하나 독자적인 문화가 없었기 때문에 한민족 문화에 동화되어 그 정체성을 잃게 되었고 제국은 100년 후 멸망하고 다시 초원지대로 쫓겨가게 된다.

⑪ 16세기는 다시 종교의 시대다.

중세 후기 카톨릭 교회는 세속적인 권력과 부에 몰입되어 영적인 권위가 붕괴되어갔다. 특히 예수탄생 1500주년 기념으로 교황청이 면죄부를 발매함에 이르러 부정과 부패가 극에 이른다.

마침내 사제인 마르틴 루터(Martin Luther, 1483-1546년)가 독일의 비텐베르크 성당 정문에 면죄부 판매 등 교회의 부당한 처사를 비판하는 95개조의 반박문을 공표함으로써 종교개혁운동이 폭발하였다.

루터는 구원이란 인간의 공적으로 얻는 것이 아니라 하느님의 은혜로 이루어지는 것이고 그리스도를 믿음으로만 은혜를 입게 되는 것이며 믿음의 근거는 오로지 성경이라고 주장한다. 종교개혁운동은 츠빙글리(1484~1531년), 칼뱅(1509~1564년), 크랜머(1489~1556년) 등에 의하여 더욱 발전하여 전 유럽에 급속히 확산됨으로써 프로테스탄트 개신교가 탄생하게 된다. 이 종교개혁은 교회의 억압으로부터 해방되어 인본주의를 강조함으로써 근대 시민사회를 여는 르네상스 문예부흥에 절대적인 영향을 미치게 되었다.

그 당시 중국에서는 왕도정치를 강조하는 성리학(주자학)이 성행하고 있었으나 그 폐단 또한 극심하였다. 성리학은 왕권을 강화하여 통일국가를 이루는 데 크게 기여한 바 있으나 지나치게 관학화, 교조화되어 백성들의 불만을 사고 명나라에 이르러서는 농민봉기가 날로 확산되어 가는 실정이었다.

이에 왕수인(王守仁, 호 陽明 1472-1529년)의 양명학이 새로운 유교사상으로 등장한다. 양명학은 성리학과 달리 심즉리(心卽理) 마음이 즉 하늘의 이치라고 하여 개인의 주체성과 자율성을 강조하고 신분과 귀천을 가리지 않고 인간본성의 발현을 중시한다. 이 사상은 일반 평민들의 환영을 받고 서민문화에 큰 영향을 미쳤으나 명나라 말기에는 기존의 사회질서와 체제를 비판하는 혁명사상으로까지 발전하여 정부와 귀족계급의 비판과 탄압을 받게 된다.

결국 16세기에는 동서양에서 종교와 사상의 개혁으로 교황권이나 왕권으로부터 해방되어 개인이 주체가 되는 인본주의 사상이 싹트기 시작한 것이다.

⑫ 17세기에는 **전쟁의 시대**가 된다.

재미있는 것은 이 시기에 역사상 이름을 날린 세 명의 제왕들이 동시대에 활약하고 있었다는 것이다. 프랑스의 루이 14세(1638-1715년), 러시아의 표트르 1세(1672-1725년), 청나라의 강희제(1654-1722년)가 그들이다.

프랑스의 루이 14세는 72년간의 치세로 유럽에서 가장 오래 재위한 왕이며 짐은 국가라고 선언한 절대군주였다. 그는 프랑스의 국경은 피레네 산맥, 알프스 산맥, 라인 강이라고 주장하고 영토 확장을 위해 끝없는 전쟁을 계속하였다. 또한 베르사유 궁전을 건설하고, 화려한 궁정생활로 인해 국민의 세금부담은 늘어만 갔다. 태양왕이라는 별명에도 불구하고 그는 무리한 전쟁노역과 지나친 세금부담으로 국민들을 도탄에 빠뜨리고 국가는 쇠약해져 부르봉 왕조의 몰락을 초래한 폭군으로 전락하였다.

반면 러시아의 표트르 1세는 동방의 후진국을 유럽의 강대국으로 만든 러시아의 위대한 군주이다. 표트르 1세는 남방의 오스만 투르크와의 전쟁, 북방의 스웨덴과의 20년간에 걸친 북방전쟁에서 승리함으로써 러시아를 모스크바 대공국에서 러시아 제국으로 발전시키게 된다. 또한 북방의 불모지에 상트 페테르부르크를 건설하여 발트해를 통한 유럽과의 교역을 강화함으로써 러시아를 명실공히 유럽의 강대국으로 자리 잡게 했다.

표트르 1세의 위대함은 러시아의 서구화를 위해 자신이 솔선수범했다는 점이다. 그는 서유럽에 파견하는 사절단에 가명으로 직접 참가하여 독일에서는 포병술을 배우고 네덜란드에서는 선박 건조기술을 익혔으며 영국에서는 의회와 병기창을 시찰하는 등 발달된 서구의 기술과 제도를 몸소 체험하고 이를 받아들였던 것이다. 냉혹한 강압통치를 했다는 비난도 있지만 러시아를 강대국으로 만든 강력한 전제군주라고 평가할 수 있다.

동양에서는 청나라의 강희제(康熙帝)가 동시대의 인물이다. 강희제는 61년간 재위로 중국 역대 황제 중 재위기간이 가장 길다. 그는 명나라의 잔존세력에 의한 삼번의 난을 평정하고 러시아와 네르친스크 조약을 체결하여 북방의 경계를 확장하였다(1689년). 또한 외몽고와 대만을 정벌하고 티베트를 원정하여 중국을 통일하고 청나라의 중국 지배를 완성하였다. 결국 강희제는 중국을 가장 부강한 통일국가로 만든 명군으로 기록된 것이다.

동서양 그리고 북방에서 동시대에 각각 태어난 3명의 군주는 자국의 국력확장을 위해 수많은 전쟁을 치르며 역사에 그 이름을 동시에 남기고 있다.

⑬ 전쟁 후에는 건국의 시대가 온다.

18세기에는 서양사에 대사건들이 연이어 발생한다. 우선 신대륙에서 미국이 영국으로부터 독립을 선언하고 미합중국을 건국하였다(1776년).

프랑스에서는 대혁명이 발생하여 왕정을 폐지하고 공화제를 선언함으로써 제1공화국을 건설하기에 이른다(1789년). 독일에서는 독일제국의 기초를 이루는 프로이센 왕국이 역사에 나타난다(1701년). 영국에서는 제임스 와트의 증기기관 발명(1765년) 이후 산업혁명이 일어나 신흥 부르주아 계급이 탄생하면서 정치 경제적으로 대변화기를 맞는다.

그때 중국은 청나라의 강희제, 옹정제, 건륭제의 시대로 130년에 걸친 중국 최대의 전성기를 이룬다. 이때 200만의 여진족이 중국대륙을 완전히 장악함으로써 청나라의 기틀을 굳게 다져 건국을 완성한 것이다.

⑭ 건국시대 이후에는 종교문제가 발생하는데 다음 세기는 어떠한가?

19세기는 강대국들이 식민지 쟁탈전으로 혈안이 된 시대였다. 세계 도처에서 분쟁이 발생하였고 약소국들은 서구 강대국들의 지배하에 들어가 경제적 수탈을 당하게 된다. 난세에는 성인, 영웅들이 탄생한다는 것이 동서양의 확립된 전설이다. 이 시기에 서양에서는 빅토리아 여왕, 나폴레옹, 링컨, 칸트, 헤겔, 마르크스, 베토벤, 슈베르트, 차이콥스키, 괴테, 톨스토이, 도스토옙스키 등 근대사회를 송두리째 뒤집어엎고 현대로 탈바꿈시키는 위대한 인물들이 한 시대를 주름잡는다.

그런데 역시 한쪽에서는 종교적 대사건이 발생하고 있었다. 제1차 바티칸 공의회(1869-1870년)에서 교황무오설(教皇無誤說)이 선포된 것이다. 서양사회를 뒤엎은 계몽사상으로 인해 교회와 교황의 권위가 실추되자 교황 비오 9세(재임 1846-1878년)가 공의회를 소집하여 교황수위권과 교황무오설을 선포한 것이다. 이 사건으로 인해 카톨릭 교회는 경직되고 타종교와의 대화를 거부함으로써 종교 간의 갈등을 자초한다.

중국은 영국과 아편전쟁(1839-1842년)을 치른 후 국력의 소모로 혼란스러운 시기에 홍수전(洪秀全)이 태평천국(太平天國)의 난을 일으킨다(1851-1864년). 태평천국은 기독교 신정국가다. 홍수전은 자신이 야훼 하느님의 둘째 아들이고 예수의 동생이라고 사칭하고 20여만 명의 신도를 모아 남경을 함락하고 태평천국을 건설하였다. 그는 토지분배와 공화정제를 주장함으로써 많은 농민들의 호응을 받았으나 결국 외국의 원조를 받은 청나라 군대에 멸망하였다. 이 난을 계기로 한족 세력이 대두하기 시작하고 서양문화에 대한 인식이 깊어졌으나 서양 세력의 침입은 더욱 심해져 청국의 몰락을 재촉하게 된다.

⑮ 20세기는 전쟁의 시대였다.

1, 2차 세계대전, 한국 전쟁, 월남 전쟁, 이라크 전쟁, 아프가니스탄 전쟁 등 영토, 자원, 이념, 종교를 이유로 수많은 전쟁이 계속되었다.

⑯ 전쟁의 참혹함 속에서도 역사는 발전하여 21세기를 맞이한다. 다음은 건국의 시대인데 우리나라가 통일을 이루어 새로

운 나라로 탄생할 수 있을 것인가?

3000년의 동서양 역사를 대충 훑어보았다. 역사를 읽으면서 거기에는 어떤 패턴이 있다는 것을 느끼게 된다.

지금까지 검토한 내용을 정리해 보면 다음과 같은 결론을 도출해 낼 수 있는 것이다.

첫째, 역사는 어떤 형식으로든 반복된다는 것이다. 역사가 반복된다는 것은 누구나 알고 있는 사실이지만 그 반복이 개국, 종교 갈등, 전쟁, 개국이라는 형태로 반복되고 있다는 점이 흥미롭다. 국가를 건설하고 나라가 평온해지면 정신적 갈증이 찾아오게 되고 자연스럽게 종교적 분쟁으로 발전해 간다. 종교 갈등이 해소되면 다시 물질적 욕구가 발동되어 극단의 폭력수단인 전쟁이 발생하고 전쟁으로 기진맥진한 후에는 다시 새로운 국가를 건설해 나가는 것이다. 그 사이의 간격은 수십 년에서 수백 년이 될 수도 있지만 순환의 원칙에는 변함이 없다. 개국, 종교, 전쟁의 3단계의 원칙은 동서양 역사에 모두 적용되고 있으며 그 순환의 과정을 통해 인류의 역사는 정체되지 않고 고대에서 현대에 이르기까지 변증법적 발전을 계속하고 있는 것이다. 그렇다면 역사를 순환 발전시키는 동력은 무엇인가? 설명하기 어려운 신비가 있는 것 같다.

둘째, 동서양의 역사는 서로 소통하고 서로 모방해 나간다는 것이다. 기록상으로는 후한시대에 로마황제 마르쿠스 아우렐리우스(121~180년)의 사신이 중국에 왔다고 전해지고 있으나, 이미 그 이전부터 흉노족의 서진으로 인해 동서문물의 교환이 있었다고 본다. 동서양 사이에는 페르시아라는 제3의 세력이 있기도 하였지만 그 지역을 무사통과할 수 있다고 하더라도 힌두쿠시 산맥, 파미르 고원, 톈산 산맥, 알타이 산맥, 타클라마칸 사막, 고비 사막 등 인간이 극복하기 어려운 자연적 장애물이 수없이 가로막고 있었다.

그럼에도 엄청난 희생을 무릅쓰고 계속해서 그 장애를 뚫고 나간 이유는 무엇일까? 오직 하나, 황금보다 귀한 중국 비단이었다. 중국 비단을 얻기 위한 인간의 필사적 노력으로 인해 동서양의 길이 뚫리고 소통이 이루어진 것이다. 그 실크로드를 통해 차, 보석, 자기, 향료, 과일 등은 물론 과학기술도 전래되고 종교와 문화, 정치 경제까지 서로 영향을 받게 된다. 그런데 그것이 과연 인간의 노력과 인간의 의지만으로 가능한 것이었을까? 극한의 상황, 죽음의 행군을 상상할 때 무한한 신비의 힘이 그 길을 인도한 것이 아닐까 하는 생각이 든다.

셋째, 동서의 역사는 각각의 환경에 따라 발전 변화하면서도 서로 통일을 이루어간다는 것이다.

역사발전은 동서를 막론하고 개국, 종교 갈등, 전쟁, 그리고 다시 개국의 순으로 이루어지고 있는데 동서양이 서로 같은 시기에 같은 상황에 이르고 이를 같은 방향으로 해결하고 있다는 것이다. 동서의 역사는 각 시대마다 서로 형평을 이루면서 결과적으로 통일된 방향으로 발전함으로써 어떤 목적을 향해 통합적으로 운용된다는 것을 보여주고 있다.

결과적으로 역사는 반복 순환의 형태로 발전하면서 동서가 서로 소통하여 형평과 통일을 이루어간다는 것을 알 수 있다. 그렇다면 역사를 움직이는 동력은 무엇인가? 그것이 우주의 기운인지, 절대자의 의지인지, 창조주의 섭리인지는 알 수 없으나 어떤 신비한 힘이 있다는 점은 부인할 수 없는 것 같다. 또한 역사의 진전과 함께 인류문명이 발전하고 있는 과정을 되돌아보면 신비의 힘은 인류의 멸망보다는 인류의 번영을 추구하는 방향으로 역사를 운영하고 있다고 생각되기도 한다.

역사의 동력은 인류를 보존하고 인간 문명의 발전을 위해 계속 작용할 것이다. 그런 의미에서 우리는 역사를 정확히 인식하고 겸허한 자세로 역사의 교훈을 실천함으로써 신비한 역사의 동력에 감사해야 할 것이다.

반전의 역사

역사는 반복된다는 것이 정설이다. 반복도 어떤 거대한 동력에 의해 일정한 패턴을 가지고 반복되는 것이다. 그런데 그 반복과정에서 역사의 주종이 바뀌는 경우가 종종 있다. 지배국가가 피지배국가로 전락하고 피지배층이 지배층으로 바뀌는 역사의 대반전을 볼 수 있는 것이다. 시간적으로는 장기간에 걸쳐 발생하기도 하고 단기간에 일어나기도 하지만, 동서역사의 전반에 걸쳐 나타나는 공통현상이라고 할 수 있다. 몇 가지 실례를 본다.

첫째, 그리스와 소아시아 지방(현 터키공화국의 아나톨리아 지방) 간의 세력다툼이다. 이 지역은 유럽과 아시아 대륙 간의 경계이기도 하지만, 유럽계 국가와 아시아계 국가 간의 끊임없는 전쟁의 역사가 기록되고 있는 곳이다. 우선 기원전 12세기경 고대 그리스는 소아시아의 트로이 왕국을 정복하고 에게해의 패권을 장악하였다. 그때 트로이의 장군 아에네아스(Aeneas)가 이탈리아 반도로 탈출하여 로마건국의 전설적인 시조가 된다.

그 후 기원전 490년 당시 동방의 강국이던 아케메네드조 페르시아의 왕 다리우스 1세가 지중해로 진출하기 위해 그리스의 도시국가 아테네를 공격하였으나 마라톤 전투에서 패배하고, 그의 아들 크세르크세스 왕이 부왕의 원한을 풀기 위해 30만 대군을 이끌고 아테네를 다시 공략하였으나 살라미스 해전에서 서로 엄청난 피해만 입고 전쟁이 종결되었다.

그런데 150년 후인 기원전 333년 그리스의 알렉산더 대왕이 소아시아의 이수스 전투에서 페르시아의 다리우스 3세 군대를 격파하고 다시 진격하여 가우가멜라 전투에서 불과 4만 명의 병력으로 25만 명의 페르시아 대군에 승리를 거두고 동방의 대제국 페르시아를 정복하였다.

그러나 알렉산더 대왕 사망 후 그리스는 마케도니아, 이집트, 시리아 등 여러 왕국으로 분열하다가 국력이 기울어 트로이의 장군 아에네아스의 후손들이 세운 로마제국의 속주가 되었고 그리스인들은 2등 시민으로 전락하고 만다. 1453년에 동로마제국이 멸망하였으나 다시 동방에서 이주해 온 이슬람왕국 오스만 투르크의 혹독한 지배를 받다가 1832년에야 비로소 그리스 왕국으로 독립을 얻게 된다.

알렉산더 대왕은 페르시아 등 동방세계를 정복한 후 도시 건설에 진력하여 70여 개의 알렉산드리아 시를 건설하면서 피지배층의 노동력을 가혹하게 착취하였으나, 오스만 투르크 제국은 그리스를 정복한 후 예니체리(Yenicheri)라는 특수조직을 통해 기독교 가정의 우수한 10대 소년들을 강제 징집하여 관리와 친위대 등 권력 유지 장치로 이용함으로써 그리스인들의 종교적, 문화적 긍지마저 말살하였다.

결국 1800여 년에 걸친 타민족의 지배로 인해 고대 그리스의 찬란한 문명은 모두 파괴되었고 그 유산의 일부만이 이교도인 사라센 제국을 통해 현대에 전해지고 있는 것이다.

둘째, 러시아와 몽골 간의 지배관계이다. 몽골평원을 통일한 칭기즈칸은 금(金)나라의 수도를 함락하고 중국 서쪽의 서하와 서요를 멸한 후 중앙아시아의 이슬람 왕국인 호라즘까지 정복하였다(1221년). 칭기즈칸이 사망한 후 제2대 칸에 오른 오고타이 칸은 부친의 유업을 이어받아 1236년 본격적인 유럽 원정에 나선다. 칭기즈칸의 큰아들 주치의 장남인 바투를 총사령관으로 하는 10만 대군은 호라즘 왕국을 지나 흑해 연안을 따라 북상하여 볼가 강을 넘어갔다.

당시 러시아는 통일국가를 이루지 못하고 여러 개의 도시국가 형태로 발전하고 있었다. 몽고의 대군은 볼가 강 건너 라쟌

공국을 침범하여 전 도시를 황폐화시키고 재물을 약탈하고 주민을 학살하였다. 당시 러시아의 역사는 이렇게 기록한다.

"모든 것이 파괴되고 많은 사람들이 죽었다. 죽은 자를 위해 울어줄 자도 없었다. 도시 내에 살아있는 것은 아무것도 없었다".

몽고군은 사자처럼 용감하고 여우처럼 간교하고 늑대처럼 탐욕스러웠다고 한다. 라쟌공국을 파괴한 몽고군은 모스크바, 수즈달, 블라디미르 공국을 차례로 정복, 파괴하고 도시의 어머니라 불리던 키예프공국을 공격하였다. 처절한 혈전 끝에 키예프도 함락되어 공국 내의 모든 것은 파괴되었고 시체가 땅을 덮을 만큼 수없이 많은 사람들이 죽어갔다. 마지막 젖먹이 하나까지 참살당하였다고 역사는 기록하고 있다. 키예프를 정복한 몽고군은 헝가리와 폴란드까지 침략해 들어갔으나 오고타이칸의 사망으로 철수하게 되었고 바투는 볼가 강 하류의 사라이를 본거로 킵차크 한국을 건설하여(1243년) 이후 러시아를 240년간 혹독하게 지배하게 된다.

러시아 공국의 공후들과 귀족들은 굴욕스러운 복종을 강요당하고 모욕적인 의식을 감수해야 했으며 칸의 비위를 거스르면 가차없이 죽임을 당하였다. 깁차크 한국은 커다랗고 탐욕스러운 거미와도 같이 러시아로부터 모든 생명의 즙을 빨아먹었고 러시아 경제는 파괴되었으며 문화가 꽃 피웠던 많은 도시들이 폐허로 변하였고 러시아인들은 정복자들의 지배 아래서 신음하였다고 러시아 역사는 기록하고 있다. 결국 몽고의 압제는 러시아가 서유럽에 비해 경제적, 문화적으로 2세기 이상 뒤떨어지는 주된 원인이 되었던 것이다. 더구나 개인주의가 말살되고 몽고제국의 절대주의, 군국주의 사상이 뿌리 깊이 심어짐으로써 러시아인들의 민족성에까지 큰 영향을 미쳤다고 할 수 있다.

1480년에 이르러 러시아는 이반 3세에 의해 킵차크 한국의 지배에서 벗어나 모스크바 대공국으로 자립하게 되고, 이반 4세에 의해 러시아 제국으로 크게 발전하였고, 로마노프 왕조를 거쳐 1917년 소비에트 혁명으로 강력한 사회주의 국가로 탈바꿈한다.

대원 제국이 명(明)나라에 망한 후(1368년) 몽고족들은 사막 북쪽으로 도주하여 옛 몽고의 수도인 카라코룸에 북원(北元)을 세웠으나 내분으로 곧 멸망하고 삼림 속에 근거를 둔 오이라트, 타타르 족의 지배를 받게 된다. 300여 년 후 다시 청(淸)나라 강희제에 의해 복속되었다가 청이 몰락하자(1912년) 러시아 제국의 지원을 받아 독립을 선언하고 소련 볼셰비키가 지원하는 적군의 도움으로 1924년에 몽골인민공화국을 설립하였다. 몽고는 소비에트연방 다음으로 세워진 공산주의 국가로서 소련의 변방국이 되어 역사에 다시 등장하게 된 것이다. 1992년 소련이 해체된 후 자유주의, 시장경제를 도입하여 민주국가인 몽골국으로 명칭을 변경하였으나 아직도 러시아의 강력한 영향력 하에 있는 인구 300만 명의 소국으로 옛날의 그 영화는 어디에서도 찾을 수 없다.

그러나 몽고인들은 아직도 칭기즈칸의 후예임을 자랑스럽게 여기고 있다고 하니 역사의 반전은 가혹하기도 하고 불교에서 말하는 업보이기도 하다. 그래서인지 몽고인들은 티베트 불교의 독실한 신자들이 많다고 한다.

셋째, 프랑스와 독일의 앙숙관계이다. 원래 유럽에서 앙숙관계는 전통적으로 프랑스와 영국과의 관계이다. 14-15세기에 프랑스 왕위계승 문제로 발단된 프랑스와 영국과의 백년전쟁으로 영국이 프랑스 내의 영국 영토 대부분을 상실한 이후 두 나라는 적대관계가 계속되었다. 반면 프랑스와 독일은 원래 뿌리가 같은 국가이다. 중세에 프랑크 왕국이 동서로 분리됨으로써(870년) 서프랑크는 프랑스 왕국으로 발전하였고, 동프랑크는 신성로마제국으로 그 정통성을 이어온 것이다.

그런데 프랑스혁명 후 나폴레옹이 황제로 등극하자 프로이센과 오스트리아에 대한 방벽용으로 라인 강 서쪽의 작은 공국들을 병합하여 라인연방을 결성하고 신성로마제국을 해체하였다(1806년). 이에 독일의 프로이센 왕국이 영국, 러시아와 동맹을 맺고 프랑스에 대항하였으나 나폴레옹은 베를린에 입성하여 프로이센을 굴복시켰다. 프로이센은 영토의 반을 잃고 엄청난 배상금을 지불하게 된다. 이후 독일을 대표하는 프로이센과 프랑스는 2차 세계대전 종료까지 150여 년 간 앙숙관계로 변한 것이다.

독일의 프로이센은 보불전쟁(普佛戰爭, 1870년)에서 프랑스에게 철저하게 보복한다. 새로운 국왕 빌헬름 1세와 비스마르크 재상 체제를 갖춘 프로이센은 새로운 군사강국으로 등장하여 프랑스와 다시 일전을 겨룬다. 막강한 프로이센은 파리를 함락하고 프랑스의 나폴레옹 3세 황제를 폐위시키고 엄청난 배상금과 함께 알자스, 로렌 지방을 넘겨받았다. 뿐만 아니라 프로이센의 빌헬름 1세는 베르사유 궁전에서 독일제국을 선포하고 초대 황제로 즉위하는 대관식을 치른다. 프랑스와 독일이 서로 한번씩 치고받은 것이다.

보불전쟁 당시 재미있는 얘기가 있다. 프랑스인들은 독일군이 파리로 진격해 온다는 사실을 믿지 않았다는 것이다. 칸트와 괴테를 낳은 독일이 어떻게 전쟁을 하겠는가, 전쟁은 헛소문이라고 생각했다. 프랑스인들은 당시 독일을 약소하고 미약한 미개국가로 멸시한 것이다.

그런데 그 후 두 번이나 더 크게 당한다. 군사대국이 된 독일제국은 20세기 식민지 쟁탈전에 뛰어들어 발칸 반도에 침입함으로써 1차 세계대전을 일으킨다(1914-1918년). 영국, 프랑스, 러시아 연합군과 4년간 계속된 전쟁은 미국의 참전으로 쌍방에 엄청난 피해를 입히고 종결되었다. 전쟁에 패한 독일은 베르사유 조약으로 모든 해외 식민지를 잃고 알자스, 로렌 지방을 다시 프랑스에 양도하여야 했다. 뿐만 아니라 패전국으로서는 감당하기 어려운 거액의 배상금을 부담하게 되었고 이것이 더 큰 전쟁의 불씨가 된다. 모든 식민지의 상실과 세계 대공황으로 심각한 경제적 위기에 처한 독일에서는 히틀러가 등장하여 바이마르 공화체제를 무너뜨리고 나치 일당독재 정권을 수립하여 다시 전쟁준비에 들어갔다. 1939년 폴란드를 정복한 독일은 방향을 바꾸어 프랑스의 마지노 장벽을 무너뜨리고 파죽지세로 공격하여 마침내 파리를 점령하고 비시 괴뢰정부를 세워 프랑스를 통치한다. 2차 세계대전이다(1939-1945년).

그러나 또다시 미국의 참전으로 패배한 독일은 전쟁 전 영토의 1/4을 상실하고 동서로 분할되었으며 미국, 영국, 프랑스, 소련 4국의 관리를 받게 된다.

결국 프랑스와 독일의 앙숙관계는 서로에게 아무런 이득도 없이 막대한 인적 물적 피해만 입혔으며 미국과 소련의 국력을 크게 증대시키는 결과를 가져와 20세기의 국제사회는 미국과 소련 양대 진영의 냉전체제로 돌입하게 되는 것이다. 오늘날에는 구소련이 해체되고 독일이 통일을 이루어(1990년) 다시 유럽의 중심국으로서 앙숙관계인 프랑스와 함께 유럽연합(EU)을 이끌어 가고 있다.

조지 오웰의 유명한 소설 『1984년』에 보면 세계는 유럽과 영미국, 그리고 아시아의 3개 정치권으로 나뉘어 끊임없이 전쟁을 계속하는데, 정치적 필요에 따라 수시로 적군과 우군이 바뀌어 오늘의 적이 내일의 동지가 되는 악순환을 반복하고 있다. 영국과 프랑스, 독일의 역사도 소설과 다를 바 없는 것이다.

넷째, 영국과 미국의 애증관계다. 16세기 종교개혁의 큰 물결이 유럽 전체를 휩쓸고 있을 때 영국에서는 헨리 8세가 수장령을 공포하여 로마 카톨릭으로부터 독립을 선언하고, 엘리자베스 1세가 39개조를 제정함으로써 성공회를 영국 국교화하는 대개혁을 단행하였다(1563년). 그러나 성공회는 로마 교황청의 지배로부터 벗어나기는 했으나 캘빈주의 개신교를 수용한 것은 아니었다. 오늘날도 성공회는 예배의식에 있어서 로마 카톨릭보다 더 카톨릭적이다.

영국의 개신교도인 청교도(Puritan)들은 성공회에 대립하였고 결국 종교의 자유를 찾아 신대륙으로 떠난다. 1620년 102명의 청교도들은 메이플라워 호를 타고 영국을 떠나 북아메리카 보스턴 근처의 플리머스 항에 도착하여 영국인들의 본격적인 식민지 개척이 시작된 것이다.

영국 정부는 식민지에 대하여 간섭하지 않고 건전한 방임정책을 취하고 있었으나 프랑스와의 식민지 전쟁으로 재정상태가 궁핍해지자 자유롭게 발전하던 식민지에 설탕세법 등으로 세금을 늘리고 각종 법령으로 식민지 통제를 강화하였다.

이에 동부 13주는 1776년 7월 4일 독립을 선포하고 조지 워싱턴을 총사령관으로 하여 독립전쟁을 시작하였다. 유럽국가들은 영국을 견제하기 위해 독립군을 지원하였는데 특히 프랑스는 영국에 선전포고를 하고 직접 전투에 참여하여 영국군의 항복을 받고 전쟁을 종결한다. 1789년에 영국 식민지였던 13개주는 아메리카합중국이라는 새로운 연방공화국으로 탄생하게 된 것이다.

영국의 압제가 사라진 후 미국은 남북전쟁(1861-1865년) 때까지 영토는 5배, 인구는 10배가 증가하였고 남북전쟁 이후 산업화와 함께 제철, 자동차, 석유산업이 발달하면서 세계적 대공업국으로 성장하였다. 나아가 스페인 전쟁으로 쿠바와 푸에르토리코 등 카리브 해를 세력하에 편입시키고 하와이를 병합한 후 괌과 필리핀의 마닐라를 획득함으로써 태평양까지 지배하는 세계 열강의 하나로 등장한다(1898년).

반면 영국은 빅토리아 여왕 시대에 전성기를 구가하기도 하였으나(재위 1837-1901년) 1, 2차 세계대전을 겪으면서 새로운 강대국 미국에 의존하게 되었고, 전후 체제하에서 아시아, 아프리카의 많은 식민지가 독립함으로써 국력이 크게 쇠퇴하여 미국과 소련의 냉전체제 이후에는 미국의 영향력하에 들어가는 처량한 신세가 되었다.

이제 미국 주도하의 세계질서에서 옛날의 대영제국은 미국의 보조역할을 담당할 뿐이고, 중국과 독일에도 뒤지는 늙은 제국, 경제소국으로 전락하고 있는 것이다.

역사의 반전이 우리에게 주는 교훈은 무엇인가? 국가와 민족의 흥망성쇠는 인간의 생로병사와 같이 자연의 섭리라는 것이다. 아무리 역사를 왜곡하고 날조하고 각색하고 무력으로 강제하여도 인간의 힘으로 흥망성쇠의 역사 원리를 바꿀 수는 없다는 것이다.

더구나 지배자와 피지배자, 강자와 약자의 위치가 뒤바뀌는 역사의 혁명적 반전의 흐름 앞에서는 누구나 옷깃을 여미고 역사의 위대함에 큰 감동을 받게 되는 것이다. 우리는 항상 역사 앞에 겸허하여야 한다. 역사를 경외하여야 한다. 역사는 두려운 것이다.

전쟁과 평화

인류의 역사는 전쟁의 역사라고 해도 과언이 아니다. 전쟁은 특정 목적을 달성하기 위한 정치집단의 폭력행위이다. 전쟁을 통해 승자는 정치적, 경제적, 종교적 기타 목적을 달성하기도 하지만 그 결과는 인간들에게 너무나 큰 정신적, 육체적, 물질적 피해와 고통을 남겨주는 재앙이다.

그럼에도 기독교의 구약성경에 의하면 아득한 옛날 아브라함 시대부터 사해 주변국들 간에 큰 전쟁이 있었다고 기록되어 있고, 현재도 이라크, 아프가니스탄, 시리아, 수단, 우크라이나 등지에서 크고 작은 전쟁이 계속되고 있는 것을 우리는 직접 목격하고 있다.

전쟁은 왜 발생하는가? 그것은 인류의 생존 양식이라고 말하는 사람도 있지만 근본적으로 인간의 탐욕 때문이다.

전쟁의 역사를 보면 그 목적, 진행과정, 결과에 따라 여러 가지 형태로 분류 고찰해 볼 수 있을 것이다.

첫째, 역사상 가장 성공적인 전쟁이라고 한다면 고대 로마의 포에니(Poeni) 전쟁과 중국의 초·한(楚漢) 전쟁이라고 하겠다. 지중해 제패권을 둘러싼 로마와 카르타고와의 3차에 걸친 포에니 전쟁은 로마의 승리로 끝났고, 그 결과 로마는 일개 도시국가에서 지중해를 지배하는 대제국으로 발전하게 된다. 로마의 스키피오 장군과 카르타고의 한니발 장군 간에 벌어진 북아프리카의 자마(Zama) 전투(기원전 202년)는 전쟁사에 남아 있는 유명한 전투로 기억되고 있다.

중국의 초·한 전쟁은 진시황이 죽은 후 천하를 놓고 항우와 유방이 대결한 영웅들의 숙명적 전쟁이다. 초기에는 항우의 세력이 우세하였으나 참모진의 지략으로 유방이 해하(垓下) 전투에서 승리함으로써 한(漢)제국을 건설하고 중국 땅에 한(漢)민족의 정통성을 세우게 된다. 해하 전투에서 전세가 불리해지자 패장 항우는 "힘은 산을 뽑을 만하고 기운은 세상을 덮겠는데 시세가 불리하니 애마도 나아가지 않는구나"[力拔山 氣蓋世, 時不利 騶不逝]라고 탄식하는 시구를 남겼는데, 사마천의 사기가 이를 전하고 있다.

흥미있는 것은 고대 서양을 지배한 로마 발전의 원동력이 된

자마 전투와 동양을 지배한 한나라 건국의 기초를 이룬 해하 전투가 기원전 202년 같은 해에 발생하고 있다는 것이다. 역사를 돌리는 축이 동서양의 역사 발전 속도를 균형 있게 조절한 듯하다.

둘째, 가장 무모한 전쟁은 십자군 전쟁이다(1096-1270년). 십자군 전쟁은 목적도 분명하지 않았고, 전쟁 방법도 지극히 서툴렀으며 결과도 얻은 것이 없는 200년간의 허무한 전쟁이었다.

우선 전쟁의 명분은 이슬람교도들이 지배하는 기독교 성지 예루살렘의 탈환이었으나 숨은 목적은 다른 데 있었다. 교황 우르바노 2세는 교황권의 강화, 각국 영주들은 새로운 영지와 재물의 확보, 상인들은 무역을 통한 경제적 이익, 농민들은 농노신분에서의 해방에 그 목적이 있었던 것이다.

전쟁의 과정도 너무 희극적이다. 7차에 걸친 전쟁 중(8차라는 설도 있다) 1차 전쟁에서만 성지 예루살렘까지 진격하였으나 나머지 전쟁은 지리멸렬이다. 그러나 성공하였다는 1차 전쟁도 예루살렘에 거주하던 이슬람 주민 5만 명 중 4만 명을 학살하였다는 불명예를 안고 있다.

가장 유명한 십자군 전쟁은 3차 전쟁이다(1189-1192년). 영국, 프랑스, 독일 등 유럽 3개국의 왕들이 참전한 것이다. 영국에서는 리처드 사자왕, 프랑스에서는 천하의 미남 필립 2세, 독일에서는 수염왕 프리드리히 1세가 전쟁 영웅으로 등장한다. 그러나 신성로마제국의 황제라는 프리드리히 1세는 행군 중 소아시아 킬리키아의 살레프 강에 빠져 익사하였고, 프랑스의 필립 2세는 영국 리처드 1세와의 불화로 먼저 귀국하여 오히려 영국을 공격하였다. 혼자 남은 영국의 리처드 1세는 이집트의 영웅적인 군왕 살라딘(Saladin)과 맞서 싸웠으나 예루살렘은 탈환하지 못한 채 평화협정을 맺고 프랑스의 필립 2세에 대항하여 급히 귀국하다가 오스트리아의 합스부르크 왕가에 잡혀 거액의 몸값을 지불하고 석방되는 수모를 겪는다. 그 몸값으로 오늘날의 비엔나가 건설되었다고 하니 후세를 위해 좋은 일을 한 것도 같다.

4차 전쟁에서는 도움을 요청하였던 비잔틴 제국을 공격하여 교회의 유물과 보물을 약탈하였고, 소년 소녀들이 모여 십자군을 조직하고 성지탈환에 나섰으나 선박의 난파로 수많은 소년 소녀들이 익사하고 일부는 아프리카에 노예로 팔려가는 실패담도 남아있다. 결국 십자군 전쟁은 성지탈환이라는 목적도 달성하지 못하고 양민을 학살하고 재물을 약탈하는 가장 어리석은 전쟁으로 평가받고 있는 것이다.

21세기 2001년에 이르러 교황 요한 바오로 2세는 십자군의 침략, 살육, 약탈행위에 대하여 사과하는 공식성명을 발표하였다.

셋째, 가장 참혹한 전쟁은 몽골 전쟁이다. 몽골을 통일한 칭기즈칸은 서하와 금나라를 정복한 후 서쪽으로 눈을 돌려 중앙아시아에서 번성하고 있던 이슬람 국가 호라즘 왕국을 공격한다. 칭기즈칸은 20만 대군을 이끌고 호라즘의 도시 오트라르, 부하라, 사마르칸트, 우르겐치, 메르브를 차례로 함락하였다(1219-1220년). 지금의 우즈베키스탄 지역이다. 몽고군은 점령한 모든 도시를 폐허로 만들고 군대보충용과 노예용의 일부 남자만 남기고 모두 학살하였다. 이슬람의 문화, 교육, 종교시설은 잿더미가 되었고 250만 명의 양민들을 학살하였다고 전해진다. 몽고군의 잔인한 학살작전은 그들의 입장에서 보면 일리가 있기는 하다. 우선 본국으로부터 멀리 떨어져 있는 전쟁터에서 후방의 안전을 도모하기 위해 반항의 가능성이 있는 주민들을 처형할 수밖에 없다는 것이다. 또한 대학살 소식을 전달케 하여 저항하는 도시 주민들을 공포 속에 몰아넣음으로써 쉽게 항복을 받아낼 수 있다는 이점도 있다.

칭기즈칸의 사후 그의 손자 바투에 의한 유럽 원정에서도 학살과 파괴는 계속되었다. 몽고전 당시 4000만 명이 희생되었다 하니 13세기 세계인구와 비교할 때 상상을 초월하는 엄청난 피해가 발생하였음을 짐작할 수 있다.

그러나 몽고의 전쟁은 학살과 파괴만으로 끝나지 않는다. 인류 역사상 가장 무서운 재앙이었던 페스트 즉 흑사병을 전파한 것이다. 페스트는 원래 몽고 서쪽에 있는 이식쿨 호수 근처에서 발생한 것으로 알려져 있는데, 이 역병이 몽고군의 진격로를 따라 서쪽으로 이동해 간 것이다.

역사상 최초의 화학무기를 사용한 군대가 몽고군이라는 말이 있다. 흑해 연안의 크림반도에 있는 카파 성채를 공격할 때 몽고군은 페스트로 사망한 시체를 투석기에 담아 성내로 투척했다는 것이다(1347년).

페스트는 급속히 유럽 전역으로 퍼져 나갔다. 그 원인과 대처방법을 전혀 몰랐던 유럽인들은 그 후 5년간 2400만 명이 페스트에 전염되어 죽어갔고 유럽 인구의 3분의 1이 소멸되었다. 그리하여 몽골전쟁은 역사상 가장 참혹하고 처참한 전쟁으로 기록되어 있는 것이다.

넷째, 가장 비열한 전쟁은 일본의 진주만 공격과 한국전쟁이다. 유럽에서는 전쟁 전에 상대국에 대하여 선전포고를 하는 것이 관례화되어 있다. 이것은 최소한의 국제적 예의를 지킨다는 의미도 있지만, 주변 제3국에 대한 전쟁 명분의 설명 내지 변명이기도 하다. 물론 국제법상 침략전쟁은 인정되지 않는다. 1차 세계대전 후 1928년에 파리협약 즉 전쟁포기에 관한 조약(부전조약)이 체결되고 이에 63개국이 가입하였다.

그러나 이 조약에는 구체적 절차 규정과 조약 위반에 대한 제재규정, 전쟁의 합법 여부를 판정하는 국제기관의 규정이 없어 결국 2차 세계대전의 비극을 막을 수 없었다. 일본은 미국에 대한 선전포고가 대사관의 실수로 지연되었을 뿐이라고 하나 공격 자체가 계획적, 기습적이었던 것은 변명할 수 없으므로 국제적으로 비난받는 것이다. 한국전쟁은 선전포고는커녕 모든 국제법과 국제규정을 무시한 막무가내식 침략전쟁으로 평가되고 있다.

선전포고를 한다고 전쟁이 합법화되는 것은 아니다. 그러나 선전포고도 없이 기습공격을 한다는 것은 국제적으로 용인될 수 없는 만행으로 규탄되고 있으며 오늘날 국제연합 규정도 이를 제재하고 있다.

다섯째, 가장 피해가 큰 전쟁은 2차 세계대전이다. 전 세계 60여 개국이 1억 명이 넘는 병력을 동원한 전쟁으로 군인 전사자 2700만 명, 민간인 희생자 2500만 명 이상이었고 재산파괴 등 경제적 피해는 측정조차 불가능하여 인류역사상 가장 피해가 큰 전쟁이었다. 더구나 핵무기의 위력을 경험한 인류는 전쟁이 인류의 멸망을 가져올 수 있다는 두려운 인식을 갖게 되었다. 한국전쟁에서는 한국군 62만명, 유엔군 54만 명, 북한군 80만 명, 중공군 100만 명, 민간인 약 200만 명이 희생되었다는 통계가 있다.

전쟁은 왜 일어나는가?

인간의 탐욕 때문이다. 인간의 탐욕이 스스로를 파괴하는 것이다. 역설적으로 전쟁이 가져오는 이익을 무시할 수 없다는 것도 사실이다. 국가의 성장, 경제적 번영, 국민적 단합, 문화의 교류, 과학기술의 발달, 인구의 조절, 사회체제의 변혁 등 인류 공동체의 발전에 기여하는 점이 있는 것도 부인할 수 없는 것이다. 그럼에도 전쟁을 피해야 하는 이유는 어떤 명분을 걸어도 전쟁은 비극적인 것이며 근본적인 문제를 해결하지도 못하기 때문이다. 더구나 핵무기를 사용하는 현대전에서는 어느 누구도 생존을 보장할 수 없는 인류멸망의 비극적 결과가 예측되기 때문이다.

전쟁의 역사를 보면 큰 전쟁이 예측되는 긴박한 상황에서 무력충돌 직전에 어떤 계기에 의해서 전쟁이 평화로 바뀌는 특수한 사례가 있다.

첫째 사례는, 고대에 있었던 유대 왕국과 아시리아 왕국 간의 전쟁이다.

유대왕 히즈키야(Hezekiah)는 아시리아의 압제로부터 벗어나기 위해 이집트와 동맹을 맺고 아시리아에 저항한다. 아시리아 왕 산헤립(Sennacherib)은 유대 왕국을 분쇄하기 위해 유대의 도시들을 공격하여 폐허화하고 수도 예루살렘을 포위하였다(기원전 701년). 히즈기야 왕은 야훼신께 구원해 줄 것을 기도하였다. 그날 밤 18만 5000명의 아시리아 군사들이 모두 전멸하고 아시리아 왕 산헤립은 철수하였다. 이 사건은 성경(열왕기 및 이사야서)에 기록되어 있을 뿐 아니라 헤로도토스의 『역사』와 요세푸스의 『유대 고대사』에도 전해지고 있다. 산헤립의 대군이 전멸한 이유는 전염병 때문이 아닌가 추측될 뿐이지만 어쨌든 유대 왕국은 기적적으로 전쟁을 피하고 평화를 얻게 된 것이다.

둘째 사례는, 중세에 있었던 티무르 제국과 이집트와의 전쟁이다.

칭기즈칸 사후 정치적으로 불안정 상태에 있던 중앙아시아에 칭기즈칸의 후손임을 자처하는 티무르(Timur)가 나타나 중앙아시아를 정복하고 티무르 제국을 건설한다(1370년). 티무르 제국은 사마르칸트를 중심으로 중앙아시아와 이란, 파키스탄 지역까지 정복하고 동으로는 인도 북부와 중국 변경에 이르고 서쪽으로는 시리아와 소아시아 반도, 남으로는 이라크 지역, 북으로는 러시아의 남부까지 지배세력을 넓히는 대제국으로 발전한다.

티무르는 천재적인 군사령관으로 그의 생애에 한번도 패전한 일이 없지만 성격이 포악하고 잔인하였다. 칭기즈칸은 항복하는 적들에게는 관용을 베풀었으나, 티무르는 투항하는 적들과 양민들도 무참히 살육하고 오로지 약탈과 파괴만을 자행하였던 것이다. 그러한 티무르가 이집트 정벌을 위해 대군을 이끌고 시리아의 다마스쿠스를 포위하였다(1400년). 그때 이집트 맘루크 왕조의 술탄 파라즈는 중세 이슬람을 대표하는 역사가, 사상가, 정치가로 이름난 석학자요 대법관을 지낸 이븐할둔(Ibn Khaldun, 1332-1406년)을 협상대표로 보낸다. 이집트의 대학자 이븐할둔과 중앙아시아의 잔혹한 무장 티무르가 협상테이블에 앉았다. 군막 속에서 두 사람은 밤새도록 토론하였다. 그때 무슨 이야기를 주고받았는지는 아무도 모른다. 이튿날 아침 티무르는 마차 한 대의 금은 보석을 이븐할둔에게 하사하고 군대를 철수하였다. 처참한 전쟁이 일순간 평화로 바뀐 것이다. 그 후 다시 다마스쿠스를 정복하였다는 설도 있지만 이븐할둔을 티무르 제국에서 중용하고 이집트를 침략하지 않은 것으로 보아 두 사람의 의견이 상통하였던 것은 틀림없는 것 같다.

셋째는, 근세 남미의 두 영웅들의 만남이다. 스페인의 압제와 수탈에서 300여 년 간 시달려 온 남미에서는 1810년 멕시코의 독립을 계기로 15년간에 걸친 독립전쟁이 발발한다. 이 전쟁에서 두 사람의 영웅이 탄생하는데, 베네수엘라 출신의 시몬 볼리바르(Simon Bolivar)와 아르헨티나 출신의 산 마르틴(San Martin)이다.

볼리바르는 스페인 왕국군과의 전투에서 승리하고 베네수엘라, 콜롬비아, 에콰도르 등 남미의 북부를 독립시켰고, 마르틴은 아르헨티나, 칠레, 파라과이 등 남미의 남부를 독립시킨 남북을 대표하는 영웅들이다. 두 영웅은 중간지역인 페루에서 군사적으로 대치하게 되자 에콰도르의 과야킬에서 만나 페루 해방문제를 놓고 담판하게 된다(1822년). 볼리바르는 남미에도 미국과 같이 남미합중국을 설립하려는 이상주의자였고 마르틴은 페루의 독립을 주장하는 현실주의자였다. 회담 후 마르틴은 볼리바르에게 모든 권한을 이양하고 페루에서 군대를 철수하였다. 회담내용은 알려지지 않았으나 마르틴이 부하장군에게 "볼리바르가 빈손으로 우리를 이겼다"고 말한 것으로 보아 통 큰 마르틴 장군의 일방적 양보가 있었던 것으로 보인다. 결과적으로 두 영웅의 담판으로 인해 남미판 남북전쟁이라는 또 하나의 비극은 발생하지 않았던 것이다.

넷째는, 누구나 알고 있는 유명한 쿠바 사태다. 미국과 소련의 냉전이 절정에 달해 있던 1962년 10월 핵전쟁 발발 위기를 일으켰던 대사건이다.

미국 대통령 케네디는 소련이 공산혁명을 일으킨 쿠바에 미사일 기지를 건설 중임을 알고 그 철수를 요구하며 쿠바에는 해상봉쇄 조치를 단행하였다. 소련 공산당 서기장 흐루시초프는 미국도 터키에 있는 미사일 기지를 철수할 것을 요구하며 미사일을 적재한 16척의 선단을 쿠바로 발진시켰다. 전 세계의 시선이 집중되었다. 쌍방이 충돌하면 핵전쟁이 발발할 극도의 위기상황에서 미 · 소는 극적으로 외교적 합의를 이룬다. 소련이 미사일을 철수하기로 한 것이다.

그런데 이 전설적인 미 · 소 회담의 주역은 당시 미국 법무장관 로버트 케네디와 소련 대사 아나톨리 도브리닌이었다. 미국으로서는 바로 발밑에 있는 쿠바에 핵시설 설치를 용납할 수 없었고, 소련으로서도 터키에 있는 미국 핵시설을 상호철수할 것을 요구하는 것은 당연하였다. 그러나 터키의 미사일 기지는 NATO 회원국의 동의가 있어야 하므로 시간이 필요하였는데 미국이 철수를 약속하여도 소련으로서는 믿을 수 없으므로 동시 철수를 요구한 것이다. 냉전 중인 양국 간의 고도의 신뢰가 필요한 문제였다. 그 신뢰의 가교를 로버트 케네디와 도브리닌이 연결한 것이다. 두 사람은 학맥을 통해 개인적으로 절친한 사이였다고 한다. 도브리닌은 로버트 케네디를 믿고 5개월간의 기한을 달라는 미국의 약속을 수용하도록 흐루시초프를 설득한 것이다. 약속은 이행되고 핵전쟁은 발생하지 않았다.

당시 케네디 대통령의 해상봉쇄 선언 이후 흐루시초프의 미사일 철수 선언까지 1주일간이 핵전쟁에 가장 근접한 시기였다고 세인들은 평가하고 있다. 이 사건 이후 핵전쟁 회피에 대한 공동인식이 이루어지고 미 · 소 간의 대립이 완화되기 시작하였으며 개인 간의 인맥이 국제외교에 얼마나 중요한가를 단적으로 증명하는 대사건이다.

전쟁은 회피되어야 한다. 인간의 욕망이 너무나 많은 희생을 가져오고 과학기술의 발달도 인류의 멸망까지 위협하기 때문이다.

전쟁을 어떻게 방지할 수 있는가? 위 사례들을 종합해 보면 다음과 같은 상황여건들을 항상 갖추고 대비해야 할 것이다.

첫째는, 지도자의 리더십이 필요하다. 특히 현대전에서는 국회를 통과하는 등 중의를 모을 시간이 없다. 몇 사람의 리더들이 전쟁 여부를 결정하게 된다. 지도자의 선택이 국민의 운명을 좌우하는 것이다.

둘째, 고도의 외교적 기술을 개발하여야 한다. 외교관들의 개인적 능력 배양도 중요하지만 쿠바 사태에서 보듯이 개인적 인맥관리가 중요하다. 학연을 없애라는 것은 국내에서나 통하는 말이다.

셋째, 전쟁의 역사를 기억하고 공동체를 수호하겠다는 국민적 신념을 갖는 것이 가장 중요하다. 역사교육이 필요하고 국민 대통합이 절실한 것이 그 때문이다.

우리는 현재 그 준비를 하고 있는가? 정치인들은 지도력을 잃고 외교는 미 · 중 · 일의 3국 사이에서 허우적거리며 전쟁의 역사를 잊고 국민적 분열만 일삼고 있지 않은지 반성할 일이다. 인류의 역사에서 전쟁은 평화로 대체되어야 한다. 영원한 이상일 뿐인가?

역사 속의 여인들

창조주는 인간을 만들면서 남자와 여자를 구분하였다. 남자에게는 힘을 주었고 여자에게는 아름다움을 주었다. 남자는 노동을 하여 여자를 부양하고 여자는 남자를 유혹하여 많은 자손을 낳아 인류를 번성케 하는 것이다. 그리하여 창세 이래 남자는 힘이 세어야 하고 여자는 아름다워야 하는 것이 기본원리이다. 그렇다면 역사 속에서 아름다운 여인들은 누구였을까? 중국에는 옛날부터 4대 미인이 있다고 전해온다. 시대 순으로 서시, 왕소군, 초선, 양귀비라고 한다.

서시(西施)는 중국 춘추시대 월(越)나라의 미인이었다. 월나라가 오(吳)나라와의 전쟁에서 패하자 월왕 구천이 오왕 부차에게 공물로 헌납한 여자다(기원전 494년). 서시가 강가에서 빨래를 하는데 물고기가 물에 비친 아름다운 서시의 모습을 보고 헤엄치는 것도 잊어버리고 강바닥에 가라앉았다는 고사가 있다. 그래서 '沈魚美人'이라 한다. 오왕 부차는 서시에게 빠져 국정을 소홀히 하다가 결국 월나라에 패망한다.

왕소군(王昭君)은 한나라 원제(기원전 재위 49-33년) 때의 궁녀다. 당시 세력이 커지기 시작한 흉노족의 왕 호한야선우(呼韓邪單于)는 한나라에 왕녀를 바칠 것을 요구하였다. 원제는 왕녀를 보낼 수 없어 궁녀를 보내기로 하고 많은 궁녀들의 초상을 그려오게 하여 제일 못난 궁녀를 뽑았는데 그녀가 왕소군이었다. 화공에게 뇌물을 주지 않아 미녀가 추녀로 그려진 것이다. 왕소군이 흉노족에 시집갈 때 기러기가 그녀의 미모를 보고 날갯짓도 잊고 있다가 땅에 떨어졌다는 고사가 있다. 그녀를 '落雁美人'이라 한다. 왕소군은 평생 고향인 한나라를 그리워하였으며 그동안 흉노와 한나라는 평화를 유지하였다.

초선(貂蟬)은 후한의 마지막 황제 헌제(재위 189-220년) 때의 미인이다. 대신 왕윤의 시녀였는데 원래는 서역 여자라고 한다. 왕윤은 초선을 이용하여 당시의 세력가 동탁과 그의 무장 여포를 이간시켜 여포로 하여금 동탁을 죽이게 하였는데 후세 사람들은 이를 연환계(連環計)라고 하였다. 초선이 연환계가 성공한 후 후원에서 왕윤의 무사하기를 달에게 빌었는데 달이 구름 사이로 들어가는 것을 보고 왕윤이 초선의 미모에 달도 구름 뒤에 숨는구나 하고 감탄하였다는 고사가 있다. '閉月美人'이다.

양귀비(楊貴妃)는 당나라 현종(재위 712-756년)이 총애하던 귀비이다. 가무와 음률에 뛰어났으며 총명하고 용모가 천하절색이었다. 절세의 미모와 재주로 현종의 총애를 받아 그녀의 일족이 모두 부귀영화를 누렸다. 지금도 중국 서안에는 그녀의 부귀영화의 상징인 화청지가 관광지로 유명하다. 화원에서 꽃을 감상하다가 무의식중에 꽃을 건드리자 꽃잎이 오그라드는 것을 본 황제는 그녀의 미모가 꽃을 부끄럽게 한다며 감탄하였다. 그래서 '羞花美人'이라 한다. 양귀비는 개원의 치(開元의 治)를 하였다고 성군의 칭송을 받던 현종을 타락케 하고 안록산의 난을 유발하여 피난길에서 자진하고 만다.

서양의 미인은 누구일까? 서양의 미인에 관해서는 정설이 없으므로 내 마음대로 추리해 보았다.

한 여인으로 인해 두 나라가 10년 전쟁을 치른 고대역사가 있다. 바로 트로이 전쟁이다(기원전 1200년경). 스파르타의 왕비 헬레나를 트로이의 왕자 파리스가 납치한 것이다. 그녀의 미모 때문이었다. 이 이야기는 호메로스의 『일리아스』와 『오디세이』에 기록되어 후세에 널리 전해지고 있다. 헬레나를 세기적 미인 반열에 올리지 않을 수 없는 것이다.

두 번째 미인은 누구나 알고 있는 클레오파트라(기원전 69-30년) 여왕이다. 이집트의 여왕이지만 그의 왕조는 그리스인들이었다. 로마의 장군 시저, 안토니우스와 동거하며 왕권의 강화를 시도하였으나 악티움 해전에서 로마 황제가 되는 옥타비아누스에 패해 자결하고 만다. 워낙 유명한 여인이어서 그녀의 사인에 관하여도 자살설, 타살설, 병사설 등이 분분하다.

세 번째 여인은 중세의 대문호 단테의 연인이었다는 베아트리체다. 단테 알리기에리(Dante Alighieri, 1265-1321년)는 이탈리아 피렌체의 정치가, 신학자, 시인이었다. 그는 호메로스, 셰익스피어, 괴테와 더불어 세계 4대 시성으로 꼽힌다. 그의 대저작인 『신곡(神曲, Divina Commedia)』은 19년간에 걸쳐 완성한 신학적 대서사시로 고전문학의 최대 걸작으로 평가받고 있다.

『신곡』은 인간인 단테가 이성의 상징인 베르길리우스와 사랑의 상징인 베아트리체의 안내로 지옥, 연옥, 천국을 순례하며 미망에서 깨어나 죄와 벌을 목도하고 구원의 경지에 올라 신학적 진리로 삼위일체의 신비를 보고 여행을 마친다는 내용이다. 베아트리체는 단테가 18세에 만나 영혼의 사랑과 감동을 느낀 여인이었으나 결실을 맺지 못하고 25세에 요절하였다. 단테는 그녀의 아름다움을 평생 잊지 못하고 그의 『신곡』에서 성모마리아의 은총으로 천국을 안내하는 고결한 여인으로 묘사한다. 그녀는 단테의 명작을 통해 700년이 지난 오늘날까지 가장 순결하고 가장 아름다운 천상의 여인으로 남게 된 것이다. 누가 그녀를 미인의 반열에서 빼놓을 수 있겠는가?

네 번째 미인은 유명한 모나리자의 모델이다. 모나리자는 프랑스 파리의 루브르 박물관에 전시되어 있는 그림으로 르네상스 시대에 레오나르도 다빈치(1452-1519년)가 그린 여인의 초상화로 너무나도 유명하다. 모나리자는 리자 부인이라는 의미라는데 피렌체의 어떤 상인의 부인이었다는 설이 있다. 이 초상화의 특징은 희미하게 웃는 미묘한 웃음이라고 한다.

그런데 이 그림이 더 유명하게 된 것은 엄청난 관람객으로 인해 자세히 쳐다볼 시간이 없다는 것이다. 어떤 사람은 힘겹게 루브르 박물관에 찾아가 모나리자만 구경하고 나왔다는 일화도 있다. 르네상스시대 3대 화가가 그린 그림이고 현재까지 끊임없는 인기를 누리고 있다면 그 실제 모델은 틀림없는 천하미인이었을 것이 틀림없다. 그밖에 현대의 서양미인이라면 엘리자베스 테일러나 비비안 리 정도 아닐까 생각된다.

왜 이 시대에 미인타령이냐? 경국지색(傾國之色) 미인박명(美人薄命)이라는 말이 있다. 역사상 미인이 좋은 것만은 아니라는 것이다. 그런데 왜 사람들은 동서고금을 통하여 미인을 동경하고 사랑하고 그리워하는 것일까?

아름다운 여인에게서 아름다운 마음, 여심(女心)을 느끼게 되기 때문이다. 여심의 실체는 무엇인가? 기다림이다. 역사 속의 여인들은 기다림 속에서 산다. 예부터 얼마나 많은 여인들이 기다림 속에서 애타는 노래를 불러왔던가?

우리나라 가곡 중에 〈동심초〉라는 명곡이 있다. 김안서 번역, 김성태 작곡이다.

「꽃잎은 하염없이 바람에 지고,
만날 날은 아득타 기약이 없네,
무어라 맘과 맘은 맺지 못하고,
한갓되이 풀잎만 맺으려는고,
한갓되이 풀잎만 맺으려는고」

명곡 중의 명곡이지만 가사가 기막히다. 여인의 기다림을 이렇게 애절하게 표현할 수 있을까? 나는 어떤 이유에서인지 이 가사의 원작자를 신사임당이라고 착각하고 있었다. 그러나 이 가사는 1200년 전 당나라 시대 여류시인 설도(薛濤, 770?-830년?)의 〈춘망사(春望詞)〉라는 4수의 시 중 제3수를 번역한 것이다. 「風花日將老, 佳期猶渺渺, 不結同心人, 空結同心草」, 번역도 창작이라고 하는데 이 시의 번역에서도 그것을 느끼게 된다. 「佳期猶渺渺」를 어떻게 「만날 날은 아득타 기약이 없네」로 번역할 수 있단 말인가? 너무도 아름다운 번역이고 우리말의 우수함을 뽐내는 것 같기도 하다.

어쨌든 1200년 전 당나라 시대의 한 여인의 절절한 기다림의 마음을 현대에 사는 우리도 가슴 아리게 받아들이고 있는 것이다. 1000년의 세월이 지나도 여심에는 변화가 없음을 말해준다.

서양의 여심은 어떠할까? 서양인의 적극성, 동적인 성격을 동양인과 구별되는 특징으로 말하는 사람도 있으나 노르웨이의 유명한 작가이자 시인인 헨리크 입센(Henrik Ibsen, 1828-1906년)은 그의 극시 〈페르귄트〉에서 바다 멀리 떠나간 연인을 그리며 하염없이 바닷가 절벽에 앉아 노래하는 「솔베이그」의 이야기를 감동적으로 그리고 있다.

「그 겨울이 지나 또 봄은 가고 또 봄은 가고,
그 여름날이 가면 또 세월이 간다. 세월이 간다.
그러나 그대는 내 님일세, 내 정성 다하여 고대하리라」

이 노래는 작가와 동시대의 작곡가 그리그(E. Grieg)에 의해 세계적 명곡으로 널리 알려져 있다. 입센은 〈인형의 집〉이라는 또 다른 차원의 희곡도 발표하였지만, 〈페르귄트〉야말로 그의 출세작이라고 할 수 있다. 이 솔베이그의 노래도 기다림의 여심 그 자체인 것이다.

결국 여심은 동양과 서양 다를 바 없고, 고금을 통하여 오직 하나 「기다림」이라고 정의할 수 있게 된다.

그렇다면 남심의 본질은 무엇인가?

고향 그리움, 어머니 그리움, 사랑 그리움… 남성에 관하여는 그리움이 많은 것으로 보아 남심은 그리움이다. 기다림과 그리움의 마음과 마음이 서로 만나 아름다운 인생을 엮어가는 것이 아니겠는가?

영웅의 조건

우리는 어릴 적부터 영웅들에 관한 전설적 이야기를 많이 듣고 또 읽는다.

동부여를 탈출하여 고구려를 건국하는 주몽 신화, 만주 평야를 지배하며 국토를 최대로 확장한 광개토대왕의 호쾌한 생애, 을지문덕, 김유신, 강감찬, 이순신 같은 대장군들의 눈부신 무용담, 그리고 우리 역사상 가장 위대한 군주였던 세종대왕의 한글창제기, 독립운동사에 빛나는 의열사들의 호국투혼 등 수많은 영웅들의 전설적 서사를 알고 있고 거기에서 인생에 도움이 되는 많은 교훈을 얻는다.

세계사의 지평으로 눈을 돌리면 영웅들의 역사는 더 길고 그 규모도 엄청나게 커진다. 서양사에서 가장 오래된 영웅이라면 기원전 1200년경 이집트에서 히브리민족을 이끌고 탈출하여 홍해를 가르고 사막을 전전하다가 그들의 민족신으로부터 계약문서와 축복의 계시를 받는 민족의 지도자 모세(Moses)일 것이다. 히브리민족에 대한 그의 설교는 세계에서 가장 많이 읽힌다는 구약성경의 기초가 되어 있다.

동시대에 북쪽 그리스 땅에서는 그리스와 트로이 간의 대전쟁이 발생하여 수많은 영웅호걸들이 실력을 겨루는 호메로스의 『일리아스』와 『오디세이』의 세상이 펼쳐진다. 전쟁에서 패한 트로이의 장군 아에네아스는 로마 땅으로 건너가 로마건국의 신화를 이루고 있다.

어릴 때에 누구나 읽게 되는 책이 『플루타르크 영웅전』이다. 알렉산더 대왕의 대장정, 시저의 운명적 생애, 한니발 장군의 용맹성 기타 그리스와 로마 영웅들의 많은 이야기를 전해준다.

중세에는 십자군전쟁의 영웅담이 중세문학의 백미를 이루고, 르네상스 시대에는 수많은 예술적 영웅들이 대활약을 하고 있다. 근세에 이르러 최고 영웅은 아무래도 나폴레옹일 것이다. 나폴레옹은 원래 이탈리아 사람이다. 그의 부친은 코르시카를 프랑스로부터 독립시키려는 반체제 운동권 인사였다. 그런 나폴레옹이 프랑스의 국민적 영웅이 된 것이다.

현대에 와서는 특출한 영웅이 보이지 않으나 2차 세계대전을 승리로 이끈 아이젠하워나 맥아더 장군 정도가 아닐까 한다.

동양에서도 사마천의 『사기』에 의하면 고대 춘추전국시대부터 수많은 영웅들이 명멸하였다. 중국을 최초로 통일한 진시황, 초한전의 유방과 항우, 위 · 촉 · 오 삼국시대의 수많은 호걸들, 중국역사상 문무를 겸비한 가장 위대한 군주라는 당 태종, 그리고 중세에 이르러 칭기즈칸과 몽골의 명장들, 명 · 청의 건국사화에 이르기까지 영웅들의 이야기는 무궁무진하다.

시대와 동서를 불문하고 영웅들은 민중들의 환호를 받고 동경의 대상이 되어왔다. 영웅이란 무엇인가? 영웅이란 재능과 지력이 매우 훌륭한 사람, 역사에 큰 자취를 남긴 사람, 지혜와 용맹이 뛰어난 사람이라는 것이 사전적 정의이다. 마키아벨리는 영웅을 "여우의 마음을 가진 사자"라고 하였다. 덕을 지키되 권력을 잃어서는 안 되고 잔인하되 관대하다는 평판을 들어야 된다는 것이다.

나는 동서의 역사상 수많은 영웅 가운데에서 뛰어난 4대 영웅을 주목한다.

첫째는 **알렉산더 대왕**(Alexander, 기원전 356-323년)이다. 그는 역사상 최초로 동서 문명을 융합시킨 사람이다. 원래는 영토에 대한 욕심에서 비롯되었을 것이다. 그러나 그보다 먼저 그리스를 점령하고자 했던 페르시아의 다리우스 1세, 크세르크세스 왕의 욕망을 꺾고 결국 그리스가 페르시아를 점령하고 대제국을 건설하게 된 것은 알렉산더의 지혜와 용맹 때문이었다. 『플루타르크 영웅전』에서 보듯이 그는 고대 서양사의 진정한 최고 영웅이었고 오늘날까지도 이집트의 알렉산드리아에 그 업적을 남기고 있는 것이다.

두 번째는 동양의 진시황(秦始皇, 기원전 259-210년)이다. 황제라는 명칭을 최초로 사용한 고대 동양 최고의 영웅이다. 중국의 고대 신화적 역사에는 삼황오제(三皇五帝)가 있다. 삼황오제를 통합해 황제가 된 그는 중국의 영토뿐만이 아니라 중국의 문자, 도량형, 화폐까지 통일함으로써 진정한 지나(china) 왕국을 건설하였고, 불로초를 찾아 일본에까지 사신을 보내는 욕망의 극을 보여주고 있다. 한자의 원형인 고대 중국의 전서(篆書)도, 세계 최고의 토목 공사인 만리장성도 진시황 시대에 이루어진 것이다. 지금도 중국 섬서성 함양에 가면 진시황의 아방궁터가 남아 옛 영웅의 화려한 흔적을 보여주고 있는데, 후대의 소인으로서는 동경과 함께 연민의 정을 느끼게 된다.

세 번째는, 중세시대에 서양을 정복한 칭기즈칸(成吉思汗, 1162-1227년)이다. 칭기즈칸의 지혜와 용맹은 널리 알려진 사실이다. 몽골 부족장의 아들로 태어나 부친의 처참한 죽음을 보고 가까스로 생명을 부지한 그는 불사조처럼 일어나 중앙 아시아를 정복하고 유럽에까지 이르는 중국 역사상 최대의 초원제국을 건설하였다. 그의 지혜는 고비사막의 여우와 같았고 그의 용맹은 천산 산맥을 오르는 천룡과 같았다고 한다. 그는 수없는 전쟁을 통하여 동아시아 소부족의 영토를 최대로 확장하면서 서양사회에 동양의 존재를 과시하였고 결과적으로 동서 문화의 교류에도 큰 역할을 한 것으로 평가되고 있다.

네 번째는, 근대 서양사에서 가장 큰 족적을 남긴 나폴레옹(Napoleon Bonaparte, 1769-1821년)이다. 하층 귀족 출신인 그는 30세의 젊은 나이에 쿠데타로 프랑스의 제1통령이 되고 5년 후 다시 황제의 대관식을 갖는다. 그는 이탈리아, 오스트리아, 스페인, 네덜란드, 독일을 차례로 점령하고 러시아를 원정하여 전 유럽을 제패함으로써 프랑스를 유럽의 최강국으로 만들었다. 그 과정에서 프랑스 혁명정신인 자유주의 사상을 전 유럽에 전파하였고, 나폴레옹법전을 제정하여 법 앞의 평등을 보장하고 근대적 법체계를 수립하였다. 또한 봉건적 차별을 철폐함으로써 새로운 관료제도, 교육제도를 도입하였고 새로운 프랑스 문화발전에도 원동력을 제공하는 큰 업적을 이루었던 것이다.

파리에 있는 전쟁박물관 앵발리드의 중앙성당에 나폴레옹의 묘가 있다. 나폴레옹 사후 20년 만에 화려하고 장중한 모습으로 그의 묘를 이곳에 안치한 것이다. 지금도 그곳에 가면 프랑스인들이 나폴레옹을 숭배하고 향수를 느끼며 자신들의 자부심이고 긍지라고 생각하는 이유를 묵언으로 느끼게 된다. 두말할 필요가 없는 프랑스의 영웅인 것이다.

영웅으로 존경받는 사람들이 지혜와 용맹이 뛰어나 역사에 큰 족적을 남긴 것은 틀림없다. 그러나 그들의 업적이 과연 인류 역사에 큰 공헌을 한 것인가? 얼마든지 다른 시각으로 평가할 수도 있을 것이다.

알렉산더는 고대 페르시아의 화려한 문명을 철저히 파괴하였을 뿐 아니라 장기간의 무리한 원정으로 자신의 조국까지 분열시켜 그리스 문명까지 쇠퇴시키고 로마의 지배를 자초하였다.

진시황은 분서갱유라는 희대의 반문명적 죄악을 범하고, 불로초를 구하려는 정신착란으로 민생을 도탄에 빠트렸으며 결국 초한전이라는 중국 최대의 전쟁 비극을 초래한다.

칭기즈칸은 중동의 이슬람문명과 서양문명 특히 러시아 문명을 말살하였을 뿐 아니라 중국의 발달된 송나라 문화를 탄압함으로써 한문화 발전에 큰 걸림돌이 되었다. 또한 정복지의 모든 생명을 없애버리는 잔혹함으로 전쟁의 참상을 보여주는 역사적 비극을 남긴다.

나폴레옹은 근대 유럽을 전쟁의 포화 속으로 끌고 들어가 유럽 사회 전체를 피폐화시키고, 다시 황제의 옥좌에 오름으로써 프랑스혁명의 이상을 퇴보시키고 근대민주주의 발전을 지연시키는 과오를 남겼다. 많은 유럽인들에게 전쟁의 참화와 고통을 준 나폴레옹이 프랑스에서는 존경을 받고 있으나 영국 런던에 가면 나폴레옹의 해군을 격파한 넬슨 제독의 동상이 우뚝 서 있다. 누가 과연 진정한 영웅인가?

결국 세계사의 영웅들은 그들이 남긴 공적만큼이나 동시에 큰 과오를 저지르고 있다는 것을 우리는 역사에서 배우게 된다. 그 때문인가. 현대사에서는 과거와 같은 뛰어난 영웅이 나타나지 않고 있다.

영웅이 되는 것은 누구인가? 영웅의 조건은 무엇인가? 소년기적 유치한 발상인지 모르지만 영웅들의 배경을 분석해 보면 그들이 몇 가지 공통조건을 갖추고 있다는 것을 발견하게 된다.

첫째, 신분이 상위급이어야 한다.

왕족이나 귀족 출신이 영웅의 조건에 적합하다. 천민 출신의 영웅도 있지만 대개 귀족 가문에 입양하거나 그 위세에 의탁하는 경우가 많다. 그 이유는 교육 때문일 것이다. 영웅의 조건에는 대중을 이끌 수 있는 기본 소양이 절대 필요하다. 오래 전에 영국의 철의 재상 윈스턴 처칠 경의 생가를 관광할 기회가 있었다. 영국 옥스퍼드셔 주 우드스톡의 블레넘 궁이라고 하는데 말버러 공작 1세의 대저택이다. 현재는 저택의 극히 일부만 후손들이 사용하고 나머지는 일반에 공개하는데 국가에서 막대한 유지관리비를 부담한다고 한다. 왕궁과도 같은 대저택을 둘러싼 드넓은 평야의 초원에서는 말과 양떼들이 한가로이 풀을 뜯고 있었는데 그 정경이 말할 수 없이 평화롭고 아름다웠다. 마치 천상의 나라에라도 온 듯한 느낌이었다. 문득 이런 환경에서 태어나 영국 수상이 못되어도 이상한 일이 아닌가 하는 생각이 들었다. 훌륭한 환경에서 우수한 인재가 만들어진다는 실례를 보는 것 같아 무척 감동적이면서도 씁쓸한 기분이었던 경험이 기억된다.

둘째, 영웅은 **사명의식**이 있어야 한다.

국가와 민족을 위한 사명의식, 종교와 이념을 위한 사명의식, 인류와 민중의 공익을 위한 사명의식이 있어야 한다. 사명의식은 천부적일 수 있고, 어떤 역경을 거쳐 배양될 수도 있으며 종교적으로는 한순간의 계시로 표출될 수도 있다. 영웅들은 일찍부터 자신의 사명의식을 자각하고 있다고 본다. 그리고 그 자각에 대한 의무감이 점점 무거워져 실천으로 나아가는 능력의 원천이 되는 것이다.

셋째, **실천의지**가 강해야 된다.

사명은 실천하지 않으면 몽상에 불과한 것이다. 실천에는 굳은 의지가 따라야 한다. 중세 주의주의(主意主義) 철학에서는 의지가 인간이성보다 우위에 있다고 믿었다. 니체도 인간의지가 스스로를 초인으로 재창조할 수 있다고 주장하였는데, 그 초인적 실천의지가 영웅들의 공통된 조건이라고 생각된다.

넷째, **시대적 요청**이 따라야 한다.

영웅이 시대를 만드는가, 시대가 영웅을 만드는가 하는 논쟁이 있다. 닭이 먼저냐 달걀이 먼저냐의 논쟁과 유사한 것이다. 그러나 아무리 위대한 영웅이라고 하더라도 창조의 섭리를 벗어나 인간의 능력으로 시대를 만들 수는 없다. 시대가 영웅을 만든다는 것이 나의 생각이다. 예컨대, 로마 시대에 시저의 절대적 신임을 받던 브루투스가 공화국의 이념을 수호하기 위해, 황제가 되려는 시저를 살해하였다. 그런데 그 시대의 로마에서는 대로마를 건설하려는 민중들의 열망이 오히려 강력한 군주의 출현을 원하고 있었기 때문에 브루투스는 결국 애국적 영웅이 되지 못하고 희대의 배신자가 될 수밖에 없었던 것이다. 칭기즈칸이나 나폴레옹도 당시 민중의 열망으로 영웅의 자리에 오를 수 있었던 것이고, 황제가 될 수밖에 없는 시대적 요청이 있었던 것이다. 시대적 요청에 맞지 않는 영웅적 행위는 반역이나 이단 아니면 희극적 돈키호테가 될 수밖에 없다고 본다.

다섯째, **장렬한 최후**가 필요하다. 역사의 영웅들은 대개 요절하거나 전장에서 전사하거나 비참하게 객사하거나 암살 또는 유배와 처형으로 죽음을 맞아야 한다. 수명을 다하고 조용히 병사한 영웅은 없다. 초한전의 영웅 항우와 같이 30세의 젊은 나이에 자살로 비극적 생을 마감하는 경우도 있다.

이상이 영웅이 될 수 있는 최소한의 조건들이라는 것이 나의 결론이다. 영웅은 많은 사람들의 존경을 받으며 동경의 대상이 된다. 그러나 그들의 일생은 결코 평탄하지 못하다. 창조주는 공평하시므로 한 사람에게 모든 것을 주지 않는 것이다. 영웅은 부러운 존재이긴 하지만 아무나 되는 것이 아니다.

영어의 Hero도 "다르다(Hetero)"는 의미의 그리스어가 어원이라고 한다. 현대 사회에 뛰어난 영웅의 출현이 어려운 것은 영악해진 현대인들이 그런 세상의 이치를 깨닫고 그 길로 나아가기를 주저하고 있는 것이 원인일 수도 있다. 실천 의지가 없는 것이다. 더구나 인지가 발달한 현대사회는 과거와 같은 유형의 영웅을 요청하지도 않는다. 공상과학영화에 나오는 우주인과의 전쟁에서 지구를 극적으로 구하는 영웅이야기 정도로 만족하고 있는 것이다.

영웅이 잘 보이지 않는 현대 사회에서 재미있는 것은 튀는 행동으로 마치 영웅 행세를 하려는 자기과시적 인간 군상들이 많다는 것이다. 요사이 정치, 경제, 언론, 법조, 학계, 연예계에 이르기까지 마치 영웅처럼 튀는 인간들이 너무 많이 보인다. 튄다고 영웅이 되는 것도 아닐 터인데 인간적으로 보아도 딱한 노릇이다. 평범한 인간이 행복한 것이다. 행복은 바로 내 옆에 있다는 진리를 잊어서야 되겠는가?

이념 갈등의 역사

이념(理念, Ideology)의 사전적 의미는 '경험을 초월하여 순수이성에 의해 얻어지는 개념, 이상적인 것으로 여겨지는 관념, 신념의 체계를 만드는 도구'라고 정의하고 있다. 정의대로라면 이념은 순수하고 보편적이고 불가변이며 영원한 것이다. 이념은 항상 옳은 것이고 사물과 현상의 절대적 기준이므로 현실세계에서 정치적 사회적 통합을 이루고 역사발전의 동력이 되는 것이다.

그러나 현실에 있어서 이념은 수없이 변화하고 편파적이고 분열하고 갈등하고 폭력을 정당화하고 광신적 파괴를 자행하기도 한다.

니체(Nietzsche, 1844-1900년)도 "모든 절대적인 것은 병적이다"

라고 말했지만 이념이란 이름으로 실행된 편견, 아집, 독선, 독재, 분열, 대립, 파괴, 살상, 반인륜적 사례를 우리는 수없이 보아왔다. 이념이 사회적 갈등의 원인이 되는 것이다.

그러나 이념 자체는 중립적 관념의 체계이므로 그 자체가 갈등의 원인이 되는 것은 아니다. 파벌적 이해관계에 따르는 갈등이 이념으로 포장되기 때문이다.

이념 갈등의 역사는 고대 그리스 시대로 올라간다. 기원전 6세기 그리스의 철학자 피타고라스(Pythagoras, 기원전 580?~기원전 500년?)는 만물이 수(數)로 구성되어 있다고 생각하였다. 만물이 수의 이상적인 비율과 조화로 구성되어 있다는 것이다. 수에는 0의 개념이 있고 분수(分數)가 있으므로 모든 사물은 숫자(數字)로 표시할 수 있다고 믿었다. 그것이 인류역사에 엄청나게 공헌한 「피타고라스의 정리」다. 직삼각형의 양변의 제곱의 합은 빗변의 제곱과 같다는 것이다($A^2+B^2=C^2$). 이 원리는 오늘날까지도 변함없는 진리이고 인류문명의 기초가 된다.

그런데 그 당시에는 엄청난 문제가 발생하였다. 한 제자가 문제를 제기한 것이다. 직각삼각형의 한 변의 길이가 1일 경우 빗변의 정사각형의 넓이는 2가 되는데 그의 제곱근은 무엇인가? 설명할 수가 없었다. 피타고라스학파는 일종의 종교단체였다. 진리를 발견한 제자를 용서할 수 없었다. 그들은 그 제자를 바다에 처 넣어 익사시켰다. 그 이념의 해답은 무리수(無理數)였던 것이다. $\sqrt{2}$의 개념을 당시의 그리스 사람들은 이해할 수 없었다.

또 다른 고대 이념분쟁은 플라톤과 아리스토텔레스 간의 논쟁이다. 철학의 아버지 플라톤(Platon, 기원전 427-347년)은 이데아(idea)에 집착하였다. 그는 모든 현상의 가장 완전한 자신의 원형, 현상세계의 배후에 존재하는 본성의 실재를 이데아라고 하였다. 이데아는 불변적이고 비물질적이며 영원한 것으로서 우리가 경험하는 현상계는 단지 그 모형에 불과하다는 것이다. 이데아는 사물의 본질적 원형으로서 무색, 무형의 실재적 존재이므로 감각을 통해서가 아니라 이성에 의해서만 파악될 수 있는 진리의 절대적 기준이다. 이데아는 비물질적인 것이므로 우리가 경험하는 구체적인 현상계와는 멀리 분리되어 있으며 교육을 통해 지식을 얻는다는 것은 곧 이데아를 파악한다는 것이라고 주장하였다. 플라톤은 이데아 중 최고의 이데아를 선(善)의 이데아라고 보고 이 선의 이데아가 진리이며 가장 완성된 원리라고 하였다.

그의 제자인 아리스토텔레스(Aristoteles, 기원전 384-322년)는 모든 사물이 질료(質料)와 형상(形相)의 결합이라고 보았다. 사물의 세계와 이데아의 세계가 나누어져 있다는 플라톤의 이원론에 반대하고, 실재는 개체와 멀리 떨어져 있는 것이 아니라 바로 그 사물 안에 존재하고 있다고 주장함으로써 형이상학(形而上學)을 수립하게 된 것이다.

질료는 형상을 향해 나아가는 가능성이 있으므로 질료의 변화가능성을 가능태(可能態)라고 하고 완성된 형상을 현실태(現實態)라고 한다. 사과열매의 씨와 사과나무를 그 예로 들 수 있다. 모든 변화에는 가능태에서 현실태로 발전하는 목적이 있고 그 목적은 끊임없이 계속되어 세계가 궁극의 목적을 향해 나아가며 가능태가 없는 순수한 최고 수준의 현실태를 "부동의 동자(the unmoved mover)" 또는 절대자라 하였다. 이 순수한 형상이 세계 변화의 영원한 원인이고 모든 운동의 영원한 원리라고 하였다. 이 원리는 중세 기독교 철학에 결정적인 영향을 준다.

두 번째 이념논쟁은 중세의 종교갈등이다.

기독교는 300년간 로마제국의 극심한 핍박을 받아왔다. 네로, 트라야누스, 디오클레티아누스 황제들의 시대에 대박해가 있었지만 스토아 철학자이던 마르쿠스 아우렐리우스 황제까지도 기독교의 평화주의가 이민족의 침략을 돕는다는 이유로 탄압하였다.

313년에 이르러 드디어 콘스탄티누스 황제의 밀라노 칙령으로 종교의 자유를 얻었으나 오랜 압박과 고난을 겪는 과정에서 많은 배교자와 분파가 발생하였고, 특히 육체는 약하므로 육체의 부활이 없다는 영지주의(靈知主義, Gnosticism)의 영향으로 기독교의 전통과 질서가 무너져가는 혼란에 봉착하였다. 콘스탄티누스 황제는 로마의 통일을 위해서는 기독교의 통합이 절대 필요하다는 생각으로 325년 니케아(Nicaea) 종교회의를 소집한다. 니케아 회의에서 알렉산드리아의 주교 아타나시우스(Athanasius)는 그리스도가 피조물이라고 주장하는 아리우스파를 정죄하고 성부와 성자는 본질적으로 동일하다는 삼위일체 교리의 초석을 만들었다.

그 후 1054년에 성령이 성부로부터 나온다는 니케아 신조를 로마교회에서 성부와 성자로부터(Filioque) 나온다고 임의로 수정함으로써 로마교회와 동방교회가 분리되고 만다.

1517년에는 마틴 루터가 교황청의 면죄부 판매에 반대하여 95개조의 반박문을 발표함으로써 종교개혁운동이 시작되어 카톨릭 교회에 반대하는 개신교(protestant)가 탄생하였고, 개신교 교단은 다시 루터교, 장로교, 감리교, 침례교, 성결교, 성공회 등으로 분리되어 현재의 각 종파가 성립되었다.

오늘날 기독교를 통합하자는 에큐메니칼(Ecumenical) 운동이 있기는 하나 로마 카톨릭, 동방정교회, 개신교 각 교파 간에는 이미 돌아올 수 없는 강을 건너 서로 상대방을 이교시하고 반목하고 배척하고 있는 상황에 이른다. 더구나 카톨릭교회의 형식주의, 개신교의 대형교회주의, 세습주의, 목회자 중심주의로 인해 핍박받던 초대교회의 순수하고 열정적인 신앙심을 잃어버리고 세속화의 길목에서 방황하고 있다. 종교적 이념의 갈등이 기독교 본래의 참의미와 가치를 퇴색시키고 있는 것이다.

불교에서는 석가모니 입멸 후 승원중심, 출가중심의 학문불교로 변화되어 원시불교의 순수성, 대중성을 상실하게 되자 기원전 1세기경부터 중생 제도라는 불교 본래의 자세로 돌아가자는 불교 부흥운동이 일어나고 대승불교가 형성되었다.

대승불교는 자기 개인의 해탈을 목표로 하는 종래의 소승불교와는 달리 중생구제를 목적으로 하는 불교사상으로 기원전 후에 중국으로 전래되어 한국과 일본으로 전파되었다. 이에 반해 소승불교는 남방불교로 독자적 발전을 이루어 갔다.

그 후 5세기경 대승(大乘)과 소승(小乘)을 떠나 그것을 초월하는 새로운 수행법이 인도의 보리달마(菩提達磨)에 의해 중국에 전해져 크게 번성하게 되는데, 이것이 불교의 선종(禪宗)이다.

학술적 성격을 가지면서 교단 권위를 중시하는 교종(敎宗)에 대한 비판과 민중적 신앙으로 자리 잡고 있던 정토신앙 사이에 새로이 형성된 것이 선종이다. 교종이 경전의 이해와 실천을 주요 수행법으로 삼고 있는데 반해 선종은 좌선과 깨달음의 주관적 수행법[不立文字, 敎外別傳, 直指人心, 見性成佛]을 강조한다. 교리와 교단의 권위로부터 해방을 꾀한 선종은 부처의 가르침에 충실하면서도 불교를 세속민중들의 신앙과 연결시킴으로써 5-6세기 이후 동북 아시아에서 불교의 대중화를 이루는 큰 전기가 되었다.

우리나라에서는 불교가 전래된 이래 고려 중기까지는 왕실과 귀족층에 의해 경전을 중시하는 교종이 번창하였으나 고려 무신집권 이후 보조국사 지눌(知訥)에 의해 대중적인 선종의 통합체인 조계종이 교세를 크게 확장하여 오늘에 이르고 있다. 고려시대에는 5교 양종, 조선시대에는 억불정책으로 선교양종으로 정리되고 현재는 조계종이 불교의 주류를 이루고 있다.

일제 강점기에 승려들의 결혼을 장려하여 해방 후 조계종 내에 큰 혼란이 있었지만, 대처승들이 태고종으로 분리된 후 불교계의 분쟁은 크게 감소되었다.

또 한때 깨달음의 방법에 관하여 돈오돈수냐 돈오점수냐(頓悟頓修, 頓悟漸修)하는 논쟁이 있었다. 단번에 깨우쳐 더 수행할 것이 없는 것이냐, 깨달은 후에도 계속 수행하여 깨달음을 완성하는 것이냐의 논쟁이다. 이 선종의 대 교리논쟁은 조계종 종정이던 성철 스님이 돈오돈수를 주장하면서 보조국사의 돈오점수론을 잘못된 사상이라고 논박하면서 제기된 것이다. 그러나 이 논쟁에 대하여 법에는 본래 돈점(頓漸)이 없고, 다만 근기(根機)의 날카로움과 둔함으로 인해 돈점이 생기는 것이므로 돈오 속에 돈수가 있고 점수 속에 돈오가 있으니 돈오돈수나 돈오점수는 표현의 차이는 있으나 취지는 동일하다는 방향으로 학문적 정리가 되고 있는 듯하다.

이슬람교에서는 수니파와 시아파가 끝없이 갈등하고 있다. 교조 마호메트가 사망한 후(632년) 후계자의 다툼에서 시작된

두 종파의 갈등은 이슬람교를 넘어 전 세계에 영향을 주고 있고 현재까지 계속되고 있다.

수니(Sunni)파는 코란이 최종적인 신의 계시라고 믿고 따르는 무슬림의 주류로서, 중동, 중앙아시아, 이집트 등 북부 아프리카, 인도, 파키스탄, 인도네시아에 걸쳐 신도의 약 90%를 차지하고 있다. 사우디아라비아의 메카를 중심으로 발전한 수니파는 비교적 종교성에 충실한 교파이다.

이에 반해 시아(Shiah)파는 코란과 더불어 종교지도자 이맘(Imam)이 신의 계시를 추가할 수 있다고 믿는 무슬림의 종파로서 이란, 이라크 남부에 걸쳐 이슬람 신도의 약 10%를 차지하고 있고 메디나를 중심으로 발전한 정치성이 강한 교파이다.

두 교파의 기본적 차이는 이슬람교의 지도자 이맘에 대한 교리상의 적대관계에서 시작되었다. 수니파는 교조 마호메트 사망 후 이슬람교에 대한 깊은 지식이 있는 무슬림은 누구나 이맘이 될 수 있다고 믿고, 마호메트의 절친한 친구 아부바크르(Abu Bakr)를 후계자 칼리프(Caliph)로 선출하였다.

그러나 칼리프의 지위가 시리아의 다마스쿠스를 중심으로 하는 우마이야(Umayyad) 왕조로 넘어가면서 종교지도자가 정치지도자까지 겸하게 되자 이에 반대하는 세력들이 마호메트의 혈통만이 칼리프가 될 수 있다고 주장하며 극력 저항하였다. 정치적 반항세력들은 교조의 사위 알리(Ali)와 그 자손만이 신에 의해 선택된 이맘이 될 수 있다는 새로운 교리를 내세워 시아파를 형성한 것이다(681년). 그 후 16세기에 이르러 이란의 사파위(Safavid) 왕조에 의해 이슬람 시아파가 국교로 지정되면서 지역적 기반을 갖추고 그 세력을 크게 확장하게 된다.

이와 같이 이슬람 시아파는 우마이야 왕조에 반대하는 정치세력에 의해 필연적으로 탄생된 역사적 배경을 갖고 있는 것이다. 원래 이란 민족의 페르시아는 고대로부터 아랍에 비해 정치적, 문화적으로 훨씬 앞서 있는 선진국이었다. 사산조 페르시아가 아랍의 사라센 제국에 정복당한 후 이란 민족은 조로아스터교에서 이슬람교로 개종하였지만 민족적 자긍심은 남아 있었다.

그러나 이란 민족은 이슬람교의 교조가 아랍인이고 코란경전이 아랍어이므로 아랍의 우월성을 인정해야 하는 민족적 고뇌에 봉착하게 된다. 이에 이슬람교를 수용하면서 이란 민족의 자존심을 찾을 수 있는 최선의 방법으로 시아파라는 이슬람 교파를 형성하게 된 것이다.

이슬람의 수니파와 시아파의 이념갈등은 중세부터 오늘날까지 계속되고 있고 세계 강대국들이 자의반 타의반으로 관여하게 되면서 세계평화에 엄청난 영향을 미치고 있는 것이 현실이다. 그러나 이슬람교 지역에 석유라는 현대적 보물창고가 현존하고 있고 아랍과 페르시아의 민족 자긍심이 살아 있는 한 앞으로도 수니와 시아의 이념갈등은 끝없이 계속될 것이다.

세 번째는 근대의 정치적 이념갈등 즉 군주국과 공화국 간의 이념투쟁이다.

군주국은 세습 국왕 1인이 국민을 통치하는 국가형태이고 공화국은 국민이 대표자를 선출하여 통치에 참여하는 국가형태를 말한다. 군주국은 중세 봉건제도가 붕괴된 후 각국의 국왕이 봉건제후를 누르고 절대권력을 갖게 되면서 16-18세기에 이르러 그 절정기를 이룬다. 그러나 근대 이후 군주국은 대부분 입헌군주국 또는 공화국으로 그 체제가 바뀌어 왔고 그 변화과정에는 언제나 혁명이나 전쟁과 같은 극한의 폭력적 방법이 중요한 역할을 담당하고 있다. 국가형태의 변경과 같은 중요한 정치적 이념갈등에는 엄청난 사회적 비용과 국민 전체의 희생이 따르기 마련이다.

역사상 대표적 절대군주국이었던 국가들 중에서 영국과 스페인은 입헌군주국으로, 프랑스와 독일은 민주공화국으로, 러시아와 중국은 사회주의 공화국으로 변경되었다.

영국은 17세기에 청교도 혁명과 명예혁명을 거치면서 국왕 찰스 1세를 처형하고 의회의 권한을 확대하는 한편 국왕의 권한을 제한하는 권리청원과 권리장전을 제정함으로써 입헌군주제의 출발점을 만드는 중요 이정표를 세웠다.

프랑스는 1789년의 대혁명을 거치면서 국왕 루이 16세와 당통, 로베스피에르 등 공화파를 처형하고 나폴레옹 전쟁과 또 다른 혁명 과정을 거친 후에야 공화국 형태를 갖추게 된다.

스페인은 군사정권이 붕괴된 후 1936년 인민전선이 집권하였으나 사회주의 정책에 반대하는 프랑코파의 군부반란으로 참혹한 내전을 거쳐 프랑코 총통의 사망 후에야 입헌군주국으로 자리를 잡고 있다.

독일은 보불전쟁(프러시아와 프랑스의 전쟁)에서 승리한 후 오만에 빠져 열강의 식민지 쟁탈전에 뛰어들었다가 빌헬름 2세 국왕시 1차 세계대전을 일으켰으나 패전 후 국왕은 네덜란드로 망명하고 공화국 체제로 바뀌었다. 일본도 2차 세계대전 패전 후 절대왕정에서 입헌군주국으로 바뀌었는데 패전 후 어쩔 수 없이 국가 형태가 바뀐 점에서 독일의 운명과 유사하다.

러시아와 중국은 공산혁명이 일어나 국왕을 처형하거나 폐위시키고 공화국 형태로 전환하였으나 민주공화국이 아닌 사회주의 공화국으로서 공산당 일당독재의 국가형태인 점에서 특이하다.

이와 같이 정치적 이념갈등은 전쟁과 혁명을 수반하고 있어 인류역사에 큰 피해와 고통을 남기게 되지만 역사의 대전환을 이루는 중요한 전기가 된다는 점에서 피할 수 없는 인류의 숙명이기도 하다.

네 번째는 현대의 경제적 이념갈등이다.

영국의 경제학자 애덤 스미스(Adam Smith)는 1776년에 저술한 그의 『국부론(國富論)』에서 "인간은 본질적으로 이기적이고 그 이기심이 사회발전의 원동력이 되므로 국가의 부를 증대시키기 위해서는 인간의 본성을 자유롭게 발휘할 수 있도록 맡겨두어야 하며 시장은 보이지 않는 손에 의해 조정된다"고 주장하며 작은 정부, 분업주의, 시장경쟁, 개방화를 강조하였다. 근대 자본주의는 이 이론을 기초로 크게 발전한다.

그러나 1930년대 대공황시대에 고전적 자유방임주의의 결점이 노출되자 경제학자 케인스(John Keynes)는 정부가 시장에 적극 개입하는 계획경제를 자본주의에 도입하자고 주장하여 이 수정자본주의가 경제공황을 극복하였다.

그런데 1970년대에 다시 엄청난 인플레이션으로 세계경제가 침체되자 하이에크(Hayek), 프리드먼(Friedman) 등에 의해 시장개방, 탈규제, 공공부문 민영화를 핵심으로 하는 신자유주의가 득세하여 영국의 대처리즘과 미국의 레이거노믹스를 만들어낸다. 그 후 2008년 금융위기 이후에는 다시 케인스 경제학으로 돌아가 혼합경제가 장려되고 있는 것이 오늘의 현실이다.

자본주의에 반대하여 국가가 통제와 계획하에 모든 생산수단을 독점하여 균등분배를 이루어야 한다는 마르크시즘(Marxism)이 한때 그 위력을 발휘하였으나 구소련의 붕괴와 함께 지지기반을 상실하였고 오늘날의 자본주의는 개혁, 개량을 통해 계속 발전하고 있는 것이다.

역사상 이념의 갈등은 우리에게 무엇을 주는가? 우리와 무슨 관계가 있는가? 이념은 인간 이성의 결정체이고 신념의 집합체이므로 그 자체가 선악의 대상은 아니다.

유사 이래 인류사회에는 수많은 이념이 존재하였고 이념간의 갈등은 사회를 한 단계 발전시키기도 하고 사회를 파괴하는 단초가 되기도 하였다.

이념의 갈등은 인류와 함께 살아가는 것이다. 문제는 이념이나 이념간의 갈등 자체에 있는 것이 아니라 이념의 폭력화, 폭력의 이념화가 무서운 것이다.

이념의 폭력화는 특히 종교와 밀접하게 관계를 맺고 있다. 종교의 극단주의, 이단적 원리주의는 본래의 종교적 이념과는 멀어져 그 자체가 새로운 이념을 만들어 내고 이를 실천하기 위하여 폭력을 사용하는 것이다. 과거 십자군 전쟁이나 이슬람의 과격 테러행위가 그 전형이며 많은 이단적 종교집단의 반사회적 폭력행위가 오늘에도 계속되고 있다.

더욱 무서운 것은 폭력의 이념화이다. 폭력 자체가 훌륭한 이념으로 포장되어 사람들을 현혹시키는 것이다. 공산주의 이념이 바로 그것이다. 공산주의는 그 자체 속에 혁명이라는 극단의 폭력성이 내포되어 있는데 평등이라는 이념으로 포장되어 인류사에 많은 피해를 안겨주었다. 파시즘도 마찬가지다.

우리는 역사 앞에서 폭력의 이념화, 이념의 폭력화를 항상 주시하고 경계하여야 한다. 여기에 가담하는 것은 인류에 대한 범죄행위임을 자각하여야 한다. 이념의 갈등을 논하는 이유가 여기에 있다.

역사란 무엇일까?

요즘 1000만 관객을 불러 모으는 인기영화가 많은 사람들의 관심을 끌고 있다. 얼마 전에도 우리나라의 과거 군사정권 시절에 국가보안법 위반으로 구속되었던 대학생을 열심히 변호한 젊은 변호사에 관한 영화가 큰 인기를 얻은 바 있었다. 대학 동아리의 독서모임에서 불온서적을 읽었다는 이유로 대학생들이 구속되었고 젊은 인권변호사가 그들을 영웅적으로 변호하여 석방시켰다는 내용이다.

그런데 그 불온서적이라는 것이 바로 역사에 관한 책이라는 것이다. 영국의 정치학자이며 역사학자인 카(Edward. H. Carr)가 1961년에 저술한 『역사는 무엇인가』라는 책이었다고 한다. 저자가 소련혁명에 대하여 깊이 연구한 바 있고 그에 관한 다수의 저서가 있으며 사회주의 혁명에 대하여 동정적 표현을 시사한 바 있고, 아시아의 민주주의 혁명에 대하여 유럽인들의 이해를 주장하고 있는 것은 사실이다.

그러나 나도 젊은 시절에 그 책을 읽고 지적 감동을 얻은 바 있었지만 그렇다고 공산혁명을 옹호하는 책으로 생각하지는 않았다.

역사의 아버지라고 하는 고대 그리스의 헤로도토스는 "역사는 인간들 간의 행위와 그 결과를 시간에 의해 망각되지 않도록 보전하는 것"이라 하고 "그 배후에는 어떤 숙명적인 힘이 지배하고 있다"고 하였다. 사실적 역사서술, 판단의 객관성을 강조하면서도 그리스인답게 신의 섭리와 같은 종교성을 인정한 것이다.

아리스토텔레스는 인류 역시 자연의 한 종으로서 순환의 불멸성을 갖지만 인간은 개체로서 유한성을 인식하기 때문에 자기 이야기(history)를 만들기에 집착한다고 하였다.

고대 그리스에서는 인간의 역사를 자연현상과 동일시하여 자연 속에서 인간이 순환한다고 보고 역사는 비슷한 일들이 순환되는 것이므로 거기에서 교훈을 얻어야 한다고 보았다. 소위 순환사관이다.

그러나 로마 이후 아우구스티누스를 비롯한 기독교적 역사관에서는 역사의 순환론을 거부하고 역사는 신의 세계로 나간다는 목적을 가지고 있으며 지상의 세계는 종말이 있다는 직선론적, 목적적 역사관이 지배하였다.

헤겔 이후 근대에는 정반합의 이론을 역사에 도입하여 이성과 반이성의 상호작용으로 보는 변증법적 역사관이 탄생하기도 하였다.

『역사의 연구』로 유명한 토인비(Arnold Toynbee)는 역사를 인류문명의 생성과 소멸의 과정으로 파악하고 그 전개방식은 구성원들의 도전에 대한 응전 방식에 따라 달라진다고 하여 숙명론적, 순환론적 역사관을 배격하고 있다. 또한 토인비는 민족이나 국가를 단위로 하지 않고 문명을 단위로 삼아 역사를 많은 문명의 결합이라고 보고 역사상 여러 문명권은 발생, 성장, 좌절, 붕괴라는 동등한 법칙성을 갖고 있다는 독특한 해석을 함으로써 역사연구에 새로운 지평을 열었다는 평가를 받는다.

전통적으로 역사란 과거사건과 그에 대한 현재의 기록이라고 정의한다. 역사에는 과거와 현재라는 두 가지의 의미가 모두 함축되어 있다는 것이다. 대체로 동양에서는 사실에 충실한 역사를 중시하여 역사에서 교훈을 얻고자 하는 경향이 있으며, 반면 서양에서는 기록으로서의 역사를 중시하여 현재 관점에서 역사를 해석 변화시키려는 경향이 강하다.

학술적으로 보면 역사연구의 방법에는 두 가지 유형이 있다고 한다. 하나는 독일의 역사학자 랑케(Leopold von Ranke)의 주장대로 사실 그대로의 역사, 역사적 사실을 있는 그대로 기술하는 것이 역사라는 입장이다. 실증주의, 객관주의, 역사주의 사관이다. 다른 하나는 이탈리아의 역사학자 크로체(Benedetto Croce)의 입장이다. 있는 그대로의 기술은 불가능하고 무의미하며 역사가의 선택, 판단을 거쳐야 한다는 것이다. 주관주의, 상대주의 역사관이다. 이 입장에 따르면 모든 역사는 현재의 역사가 된다.

카는 양극단의 입장을 변증법적으로 종합하며 중간 입장을 취하고 있다. 역사는 과거와 현재의 끊임없는 대화이며 역사가는 사실만을 추구하는 노예도 아니고 사실을 입맛대로 가공하는 주인도 아니라는 것이다. 역사적 사실과 역사가는 평등관계이며 그 한도에서 역사를 해석해야 한다고 주장하고 있다. 여기에서 일단 카의 입장은 수긍할 수 있다. 역사는 과거와 현재가 혼합되어 있는 가치체계라고 보는 것은 타당하다. 또한 역사에 있어서의 인과관계를 논하면서 헤겔과 마르크스의 결정론적 역사관에 대하여 인간의 자유의지를 부정한다고 경멸하며 역사에 있어서의 우연의 역할을 강조하는 최근 영미의 학설에 대한 비판도 일리가 있다고 본다.

역사에 있어서 합리적 원인은 다른 나라, 다른 시대, 다른 조건에도 기능적으로 적용될 수 있기 때문에 유효성이 있는 일반화를 낳고 거기에서 교훈을 얻을 수 있으며, 우연적 원인은 특수한 것이므로 일반화될 수 없고 어떤 교훈도 주지 않는다는 설명도 이해할 수 있다. 그리고 역사에 있어서의 인과관계에 관한 논의(역사는 필연이냐, 우연이냐?)의 열쇠는 역사에 대한 가치판단을 포함해야 한다는 견해에도 찬동한다.

문제는 카의 진보로서의 역사론에 있다. 이 책이 과거 금서의 목록에 올라간 이유가 있었다면 바로 이 부분이 아닌가 생각되는 부분이다. 카는 역사에 있어서 헤겔의 절대정신과 같은 절대자는 없으며 역사는 언제나 진보하는 것이고 동적인 것이라고 한다. 우리의 방향감각과 과거에 대한 해석도 우리가 나아감에 따라 계속적으로 변화하고 진화하기 마련이라는 것이다.

물론 역사에 퇴보가 있었던 것도 부인하지 않는다. 그러나 그 퇴보는 지도력 또는 주도권이 집단에서 집단으로, 지역에서 지역으로 이동하는 전환점이 있었다는 것이지 사회조직 전체의 퇴보가 있었던 것은 아니라고 본다. 역사는 본질상 변화이고 운동이며 진보이다. 인간의 완성가능성이나 지상에 있을 미래의 낙원을 믿지는 않으나, 목표점을 향한 무한한 진보, 한도라는 것이 없는 진보의 가능성은 끝나지 않는다. 이런 진보개념이 없다면 이 사회는 지속될 수 없을 것이라고 주장한다.

여기에서 카는 진보에 대한 믿음을 한층 더 발전시키고 있다. 즉, 20세기에 이르러 제국주의가 붕괴되면서 많은 민중들이 정치적 사회적 의식을 갖게 되고 역사적 실체로서의 각자의 집단을 자각하면서 러시아의 사회주의 혁명, 아시아와 아프리카의 민족혁명이 발발하였고, 이러한 사회혁명은 세계사적 전망에 있어서 전진적인 발전이며 진보의 행진이고 이성의 확대라고 평가하고 있다.

그러나 카는 진보에 대한 믿음을 확신한 나머지 혁명을 통한 사회적 실험을 함으로써 초래되었던 많은 역사상의 재앙에 대해서는 설명하지 않고 있다. 이 점이 아쉬운 부분이다.

카는 결정론적 역사관을 헤겔의 간계라고 비웃었지만 그 자신도 역사의 진보에 심취한 나머지 역사의 퇴보가 있다는 사실은 인정하면서도 진보를 위한 일시적 퇴보라고 가볍게 넘김으로써 스스로 진보의 함정에 빠져 있는 것이 아닌가 생각된다. 처참한 1, 2차 세계대전, 공산혁명으로 인한 수많은 인간들의 희생, 오늘날도 계속되고 있는 이슬람 원리주의자들의 무차별 살상사건들을 어떻게 일시적 퇴보에 불과한 경미한 역사적 사건들이라고 평가할 수 있다는 것인가?

얼마 전 한 일간지에 영국의 어느 대학 연구원이 〈바깥에서 본 한국〉이라는 제목으로 기고한 칼럼에서 과거 진보적 서구인들이 왜 적국인 공산국가보다 동맹국인 한국을 부정적 시각으로 보았는가를 설명하고 있는데, 두 가지 이유가 있다고 한다.

첫째는, 1960-70년대 식민지 독립 이후 민족해방의 열기에 쌓여, 진정한 발전은 제국주의 체제와 결별하고 새로운 사회체제를 수립하는 데 있다고 보고 그런 분위기에서 소련식 산업화를 동경하고 중국이나 쿠바 등의 혁명을 당연한 투쟁으로 받아들였다는 것이다. 둘째는, 권위주의 체제를 자유세계 일원으로 인정하는 것은 수치라고 생각하였고 중국이나 북한의 수많은 희생자들에 대한 실상에 대해서는 알지 못했다는 것이다.

첫 번째 이유가 카의 역사관에도 큰 영향을 미친 것이 아닌가 생각된다. 그러나 카는 역사의 가능성을 믿고 그가 이성의 확대라고 표현하는 진보적 사회혁명을 긍정적으로 평가한 것이지 옹호한 것은 아니라고 믿고 싶다. 그런 의미에서 카의 저서가 오해의 소지가 있었던 것은 사실이지만 법적으로 금서에까지 이르게 된 점은 이해할 수 없다.

역사에 관한 객관론과 주관론, 토인비의 문명론, 카의 진보적 역사론을 일별해 보았으나 나는 좀 다른 각도에서 역사를 이해하고자 한다.

첫째, 역사는 일정법칙에 따라 순환하는 사실이고 목적을 향해 전진하는 가치이다.

역사는 고대 그리스인들의 사고처럼 일정 법칙에 따라 순환하는 것이다. 그러나 단순한 순환이 아니라 어떤 목적을 향해 전진하는 순환이며 그 목적은 가치론적으로 문명의 생성, 소멸일 수도 있고 신학적으로 세계의 종말일 수도 있다.

둘째, 역사는 역사가의 주관적 선택과 해석이며 사실 자체보다 현실에 주는 의미가 무엇이냐가 중요하다. 역사의식의 중요성을 말하는 것이다. 역사의식은 철저한 과거반성이다.

과거의 과오를 반복하지 않겠다는 개인적, 집단적 각오와 의지가 있어야 한다. 역사의식이 없는 역사는 문학이나 철학에 흡수될 것이다. 그러나 문제는 주관주의 역사관이 역사 수정주의로 빠질 위험이 있다는 것이다.

오늘날 일본의 지도층들이 역사 수정주의에 빠져 헤어나지 못하고 있는 것은 역사발전을 위해 참으로 안타까운 일이다. 역사의식은 미래를 결정한다. 올바른 역사의식 속에 밝은 미래가 가능하고 역사의 목적은 더 높은 곳을 향해 발전할 것이다.

chapter | 4

종교의 세계에서

대심문관의 전설

서양에서 좀 뒤떨어진 역사와 문화를 만들어 온 러시아에서는 문학도 19세기에 이르러서야 활발하게 발전하기 시작하였다. 푸시킨에서부터 시작된 근대 낭만주의는 투르게네프에 의해 사실주의로 변하고 도스토옙스키와 톨스토이를 통해 절정에 이르게 되며 체호프에 이르러 완성을 보게 된다.

러시아를 대표하는 대문호인 도스토옙스키(1821-1881년)와 톨스토이(1828-1910년)는 같은 시대에 살면서 선과 악에 대한 고민, 현실에 대한 비판, 민중에 대한 교화에 공통으로 헌신하였지만 그 기본 사고에 있어서 톨스토이는 선과 악이 분명히 분리되는 것으로 보았고, 도스토옙스키는 선과 악이 변증법적으로 얽혀 있다고 보았다.

그 때문인지 톨스토이의 모든 작품들은 분위기 자체가 밝고 화려함에 반해 도스토옙스키의 작품들은 어느 것이나 음울하고 부담스럽고 두려움까지 느끼게 된다.

도스토옙스키의 대표적 작품 『카라마조프가의 형제들』도 예외가 아니다. 이 소설은 카라마조프 집안의 독특한 가족들, 아버지와 네 형제에 얽힌 장편 서사이다.

사생아인 막내아들 스메르자코프가 방탕한 부자 아버지를 살해하고, 난폭한 큰 아들 드미트리가 그 혐의를 뒤집어쓰는 극적인 장면이 이 이야기의 줄거리이지만, 지적이고 무신론자인 둘째 아들 이반이 순수하고 경건한 수도승인 셋째 알렉세이를 만나 종교적 고뇌의 대화를 하는 장면인 "대심문관"이 이 소설의 백미이다. 이반은 자신이 구상하고 있다는 "대심문관"이라는 극시의 내용을 동생에게 들려준다.

극시의 무대는 16세기 무렵, 종교재판이 무섭게 진행되던 에스파니아의 세비야다.

그는 괴로워하고 고통받고 죄악에 허덕이면서도 어린아이처럼 그를 사랑하는 민중들에게 잠깐만이라도 나타나고 싶어졌다. 그가 약속했던 것처럼 천상의 영광에 휩싸여 번개처럼 나타나는 강림은 아니었지만 눈에 띄지 않게 조용히 나타났다. 그런데 이상하게도 사람들이 그를 알아보았다. 민중은 억누를 수 없는 힘에 이끌려 그에게로 향해가서 그를 에워싸고 그에게 몰려들어 그의 뒤를 따른다.

그는 무한한 번민이 담긴 조용한 미소를 지으면서 말없이 민중들 사이를 지나가는데 사랑의 태양이 그의 마음속에서 불타오르고 빛과 힘이 그의 눈에서 흘러나와 사람들 위로 넘쳐나면서 사랑으로 그들의 마음을 전율케 한다.

그는 장님의 눈을 뜨게 하고 죽은 소녀를 살려 낸다. 민중들은 울면서 그가 지나가는 땅에 입을 맞추고 아이들은 그의 앞에 꽃을 던지며 호산나를 노래한다. 그분이다. 틀림없이 그분이다. 다들 울부짖는다. 민중 속에는 일대 혼란이 일어나고 비명소리, 흐느낌 소리가 끊이지 않는다.

그때 대심문관인 90세가 넘은 추기경이 그 광장을 지나면서 모든 광경을 목격하였다. 대심문관은 근위대에게 그를 체포하라고 명령하였고 종교재판소의 오래된 건물 안에 있는 감옥에 가두었다. 날이 어두워진 후 대심문관은 홀로 횃불을 들고 자신의 죄수를 찾아가 묻는다. "당신이 정말 그인가?" 여기에서부터 대심문관의 도도하고 확신에 찬 그리고 두렵고 무섭기까지 한 그 유명한 변설이 시작된다.

긴 내용의 독백이지만 요약하면 대체로 이런 것이다.

"1500년 전 당신이 이 세상을 구원하기 위해 왔을 때 악마의 세 가지 유혹이 있었다. 그때 당신은 인간에게 진정한 자유를 주기 위하여 인간이 지상에서 가장 좋아하는 기적, 신비, 권위를 거부하였다. 그러나 당신이 준 자유, 선악의 선택의 자유는 인간에게 무거운 재앙의 짐이 되었을 뿐이다. 당신의 영웅적인 길은 단지 소수의 선택된 자들, 즉 신의 무서운 선물을 참아낼 수 있는 강인함을 갖는 소수인들만을 위한 것이었고, 무수한 속인들에게는 불행과 고난의 역사를 만들어 주었다.

당신의 용서할 수 없는 오류는 인간을 너무 높이 평가하였다는 것이다. 우리는 인간의 행복을 위해 당신의 진리를 수정하였고, 당신이 거부한 악마의 세 가지 유혹을 받아들여 새로운 지상왕국을 건설하기 위한 위대한 사업을 벌이고 있는 중이다. 우리는 인간을 도덕적으로 노예화시키고 그들이 원하는 빵을 줄 것이며 그들의 자유를 모두 몰수하고 교회의 체제로 바꾸어 그들의 무거운 책임과 모든 짐을 우리가 스스로 감당하고자 한다.

당신의 이름으로 행하는 이 위대한 사업은 이제 완성단계에 이르고 있다. 당신은 묶고 풀 수 있는 권리를 우리에게 주었는데 이제 와서 우리에게서 그 권리를 빼앗으려 하는가. 도대체 왜 우리를 방해하러 온 것인가. 당신은 이제 그럴 권리가 없다. 나는 내일 당신을 당신의 이름으로 화형에 처할 것이다."

죄수는 끝내 아무 말도 하지 않았다. 묵묵히 듣고 있다가 대심문관에게 이해할 수 없는 키스를 하고 조용히 사라진다. 대심문관은 그를 향해 소리친다.

"어서 가라, 다시는 오지 마라. 두 번 다시 오지 마라, 절대로."

형 이반의 극시내용을 듣고 있던 동생 알렉세이가 괴롭게 소리쳤다.

"말도 안 돼. 그것은 헛소리야. 망상이야. 불가능한 자가당착이고 무신론이야".

형 이반이 웃으면서 대답하였다.

"그토록 고집스럽고 자기 나름대로 인류를 사랑하는 이 저주받은 대심문관과 같은 자는 이 세상에 반드시 있다. 꼭 있어야만 해."

형제간의 대화는 여기에서 끝난다.

이것이 과연 영리하고 위대한 영혼들의 인류에 대한 확신인가? 아니면 충격과 기만에 의해 파멸과 죽음에 이르게 하는 길인가?

소설의 이 대목에 관하여 많은 사람들이 연구논문을 발표한 바 있고 신학 학위논문도 많다.

도스토옙스키는 평생 신에 대한 번민에 시달렸고 모든 고통만큼 신을 사랑하고 열망하였으나 신을 발견하지 못하였다고 한다. 신이 존재한다고 하더라도 선악과를 따먹지도 않은 순진무구한 수많은 어린아이들이 왜 고통을 당해야 하는가? 신은 그러한 세계를 창조할 수가 없다.

그렇다면 과연 신이 존재한다고 할 수 있는가? 대심문관은

1500년간의 인간의 불행한 역사를 실증자료로 제시하며 반그리스도적 원리를 논리적으로 전개하고 있고 그것은 반박하기 어려운 강한 충격으로 우리를 사로잡는 것이다.

그러나 도스토옙스키는 여기에서 그리스도의 침묵으로 자유의 진리를 표현하고자 하였다. 신이 진정으로 원하였던 것은 기적이나 위력에 의한 인간의 노예적 환희가 아니라 자유로운 인간 그 자체였던 것이다. 많은 사람들이 십자가에서 내려와 보라고 희롱하였을 때 예수는 십자가에서 내려오지 않았다. 자유에 반대되는 기적, 신비, 권위의 논리는 신의 형상으로서의 자유에 그 저항력을 상실하고 있다는 것을 침묵으로 답변한 것이다.

태초 이래 인간은 신을 기록하고 경배하였다. 그리고 인간이 신의 형상을 닮았기 때문에 스스로 존엄하다고 평가한다. 그러나 현대에 이르러 신은 죽었다, 우리가 신을 죽였다고 외치고 있다. 거기에서 인간은 반그리스도적 자유를 만끽하고 있는지도 모른다.

그러나 신의 원리와 악의 원리 사이에는 항상 유사점이 있으며 거기에는 혼합과 대체의 변증법적 위험이 존재하고 있는 것이다. 왜냐하면 반그리스도란 그리스도에 적대하는 것이 아니라 그리스도를 사칭하는 것이기 때문이다. 도스토옙스키도 이 소설의 대미에서 "악마가 존재하므로 신은 존재한다"고 이반의 입을 빌려 결론 내리고 있다.

그렇지만 근대 계몽주의의 가치 허무주의나 가치 상대주의에 의한 현실적 이성의 상대화라는 역사적 폐해를 인식한다고 하더라도 인간 본성에 대한 신뢰이론은 인간이 인간인 한 변하지 않는 근본적 존재구조를 갖고 있다는 점에서 부인할 수만은 없는 것이다.

그렇다면 "모든 것은 허용되어 있다"는 카라마조프적 악마적 자기 명제에 몰입되어 다시 반그리스도적 사유가 허용될 수 있다는 것인가?

지금도 악마는 조용히 속삭이고 있다.

"기적, 신비, 권위를 모두 줄 터이니 나를 따르라".

과연 신은 존재하는가?

神의 존재증명

인간은 만물의 영장이다. 인간은 두 발로 걸을 수 있는 강인한 신체와 이성이라는 논리적 사유체제를 갖추고 있다. 그 결과 인간은 우주여행도 할 수 있는 고도의 과학문명을 이루었고, 한편으로는 지구 자체를 파멸로 몰아가는 핵무기라는 반문명적 도구를 만들어 내기도 하였다.

앞으로도 인류 문명은 더욱 발달할 것이고 선택에 따라서는 인류가 한순간에 자멸할 수 있을 것이다. 인간의 능력은 무한하기 때문이다.

그런데 그 인간이 도저히 넘을 수 없는 한계가 있다. 역사상 어느 누구도 그 한계를 벗어나지 못하였다.

바로 죽음이다. 왕후장상이나, 영웅이나, 위인이나, 성인까지도 모두 죽는다. 죽음은 어느 누구도 대항할 수 없는 절망의 장벽이다. 그렇다면 생명의 시작과 종말을 관장하는 것은 누구인가? 어떤 절대자일 것이다. 우리는 그 절대 존재자를 신이라고 한다. 신은 과연 존재하는가?

절대적 신의 존재에 관한 논의는 고대로부터 끊임없이 계속되었다. 그리스의 철학자 플라톤은 선의 이데아가 최고의 이데아라고 하였고, 아리스토텔레스는 부동의 동자가 우주의 제1 원리라고 하였으나 신의 관념에까지는 이르지 못하였다고 한다.

신의 존재증명은 중세 스콜라 철학(Scholasticism)의 중심과제였다.

스콜라 철학의 시조인 안셀름(Anselm, 1033-1109년)은 "그보다 더 큰 것을 생각할 수 없는 존재자가 신이다" 라고 하여 존재론적으로 신 증명을 하고자 하였다.

스콜라 철학을 완성한 토마스 아퀴나스(Thomas Aquinas, 1224-1274년)는 네 가지의 우주론적 신 존재증명과 하나의 목적론적 증명을 전개하였다.

첫째, 모든 사물이 운동 속에 있다면 그것은 무엇인가에 의해 움직여야 하는데, 더 이상 다른 것에 의해 움직이지 않는 최초의 운동자가 필요하게 된다. 이 제1 기동자가 신이다.

둘째, 모든 현실적인 것은 어떤 원인과 결과로 되어 있고 인과의 계열이 계속 이어지지만 정상에는 하나의 작용인이 있을 뿐이다. 이 제1 원인이 신이다.

셋째, 모든 사물은 가능성으로서 존재하기 때문에 있을 수도 있고 없을 수도 있으나 모든 우연적인 것이 생기려면 반드시 필연적인 것에 의존하게 되는데 그 필연적인 것 즉 자기 자신 속에 필연성을 가진 존재가 바로 신이다.

넷째, 사물을 비교할 수 있는 것은 비교의 기준이 되는 가장 고귀하고 선하고 완전한 존재가 있기 때문이다. 그 지고의 완전한 존재가 신이다.

다섯째, 모든 사물은 어떤 지성을 가진 존재에 의해 질서정연하게 정해진 방향, 세계의 목적을 향해 움직이는데 사물들을 목적으로 인도하는 지성적인 존재가 바로 신이다.

토마스 아퀴나스는 고대 아리스토텔레스의 철학적 이론을 기독교 교리에 적극 수용함으로써 철학과 신학의 종합을 이룬 것이다. 근대에 들어와서도 서구의 기독교 문명권에서는 데카르트, 파스칼, 스피노자, 라이프니츠와 칸트, 헤겔 같은 대철학자들이 신의 존재증명에 관하여 고뇌를 계속하여 왔다.

그러나 이러한 자연적 신(神) 인식으로서의 신의 존재증명은 객관적 타당성을 갖지 못한다는 비판이 강력하게 제기되었다. 안셀름이 시도했던 존재론적 증명은 인간이 신에 대한 관념을 갖고 있으면 그러한 관념을 갖게 하는 절대자가 존재한다는 것인데 관념을 통해 존재가 입증된다고 하는 것은 논리의 비약이라고 한다.

토마스 아퀴나스의 우주론적 증명 중 부동의 동자론은 운동의 원인이 무한 소급할 수 없다는 전제를 증명할 수 없으므로 부동의 동자에 도달하지 못할 수도 있다는 비판이 있고, 제1 원인론은 어떤 결과에는 어떤 원인이 선행된다고 보는 것이나 항상 그런 것은 아니라는 것이다. 현대 물리학은 인과율을 초월하는 입자의 존재를 설명할 수 있기 때문이다.

또한 우연성론은 자연이 우연의 연속이 아니라 절대적 존재가 조정한다는 이론인데, 세상은 절대법칙에 따라서만 움직이는 것이 아니라 우연의 평균치, 근사치에 의해 움직일 수 있다는 비판이 있고, 우월성론에 대하여는 우열은 절대적인 것이 아니라 같은 대상도 관점에 따라 바뀔 수 있으므로 완전한 존재를 목격하는 것은 불가능하다고 비판한다.

목적론적 증명에 대하여는 만물이 계획, 설계에 의해 질서를 유지하고 혼돈에 이르지 않고 있다는 사실이 지성적 존재의 필연적 존재를 증명한다고 주장하나, 사물의 적응과 일치는 자연적인 것이고 목적이나 계획이라는 증거가 없으며 세상에는 부적응과 불일치가 엄연히 존재한다는 비판이 있다.

근대 철학을 종합하여 새로운 근대 정신세계의 체계를 확립한 칸트(Immanuel Kant, 1724-1804년)는 전래하는 세 가지 신의 존재증명을 논박하고 계몽사상의 3대 이념인 신, 영생, 자유는 경험적으로 인식할 수 없다고 결론지었다.

칸트의 고민은 그의 『순수이성비판』에서 "어떻게 선험적 종합판단이 가능한가"로부터 시작된다. 근대 계몽주의 시대에 데카르트로부터 시작된 대륙의 합리론은 인간 이성의 결론이 진리라고 믿는 독단론에 함몰되었고, 프랜시스 베이컨(Francis Bacon, 1561-1626년)으로부터 시작된 영국의 경험론은 경험을 중시하고 인간의 선험적 능력을 무시함으로써 객관적 지식에 대한 회의주의에 빠져 있었다. 칸트는 종래의 형이상학이나 인식론과는 달리 코페르니쿠스적 인식의 전환을 시도하여 인식의 중심은 사물이 아닌 정신에 있다고 보았다.

그는 모든 인식이 경험을 통해서만 생겨나는 것이지만 인식의 형식과 경험을 인식으로 변형시키는 구성 원리는 경험에서 유도되는 것이 아니라 선험적인 것이라고 하였다. 즉, 인식은 감성을 통한 경험 세계에 국한되지만 감성이 소유한 시간, 공간의 형식, 사유과정에서 사물을 나누고 통합하는 오성의 양, 질, 관계, 양태와 같은 범주(範疇, Category)들은 선험적 지식이므로 보편타당한 지식을 확장하는 선험적 종합판단이 가능하다는 것이다.

칸트는 경험의 세계와 이성의 판단능력을 결합시켜 합리론과 경험론을 종합함으로써 형이상학의 새로운 미래를 개척하였다는 평가를 받는다.

그는 이와 같은 기본입장에서 감성과 오성을 종합하는 이성의 활동에 관하여 인간의 인식은 경험세계에 제한되고 사유 과정에서의 형식과 원리에 의해 제한되므로 이성은 경험된 대상들 이외의 어떤 대상의 인식에도 도달할 수 없다고 비판하였다. 이성은 경험할 수 없는 물자체(物自體, Ding an Sich), 경험을 초월한 초감성적인 자유, 영생, 신과 같은 가상의 개념(Noumena)들은 본체적 실재이므로 어떤 과학적 지식도 얻을 수 없다는 것이다. 이러한 규제적 개념들은 순수이성의 산물로서 우리의 경험을 종합할 수 있는 기능만을 가질 뿐이고 우리의 이성으로는 증명도 반증도 할 수 없다고 주장하였다. 그러나 칸트는 이론적인 순수이성과는 달리 실천이성의 영역에서 우리에게 무조건적 명령인 도덕법칙을 요구하고 있고 도덕적 요청을 할 수 있는 필요조건으로 인간의 자유의지를 전제로 한다. 자유가 없으면 도덕법이 불가능하기 때문이다.

또한 선악의 행위에 대한 책임을 사후에라도 묻기 위하여 영혼불멸의 개념이 불가피하다고 하였다.

따라서 신의 존재는 전통적 형이상학의 방법으로 객관적으로 인식되거나 증명될 수 없지만 신은 도덕적으로 요청할 수밖에 없다는 것이 칸트의 결론이다.

신의 존재증명이 서양의 근대사에 이르기까지 철학과 신학의 중요 논제가 된 이유는 무엇일까?

동양의 불교에서는 신이 없다고 한다. 진리를 깨달으면 스스로 부처가 될 수 있다는 것이 불교의 교리이다. 석가모니는 인생의 괴로움에서 해탈하는 길을 가르친 것이고 세계를 누가 창조했는가, 사후에도 영혼은 존속하는가, 세상은 영원한가와 같은 질문에는 답변하지 않았다.

석가모니의 제자가 죽어가면서 석가모니를 예배하고 싶다고 하자 "그만 두어라. 이 몸을 보지 말고 법을 보아라, 진리를 보는 사람은 나를 볼 것이다"라고 말했다고 대승불교 경전이 전한다.

불교에서는 석가모니 스스로가 인간이었으므로 신의 존재증명과 같은 문제가 생길 여지가 없는 것이다.

중동의 이슬람교에는 절대신 알라(Allah)가 있다. 이슬람교의 신조 첫 부분에 "알라 이외에 다른 신은 없다"라고 선언하여 신은 가장 위대한 마지막 예언자 마호메트를 통해 자신을 계시하고 있다고 믿는다. 그 계시가 바로 『코란』이다. 이슬람교에서는 신의 존재증명이란 논의 자체가 원천적으로 불가능한 것이다.

문제는 기독교에서 발생하였다. 원래 기독교의 원조인 유대교에서는 이스라엘 민족을 자기 백성으로 선택하고 능동적으로 그 역사와 삶에 관여하는 야훼 하느님의 전승이 있었고, 3000여 년 전 창의적 예언자 모세가 직접 체험함으로써 살아

계시는 하느님이 민족을 지배하고 있다고 믿는다. 그런데 기독교에서는 예수 그리스도의 십자가 사건 이후 하느님의 아들인 그리스도가 인간으로 오셔서 고통을 받고 죽음에 이르는 현세의 과정을 이해할 수 없었다. 사도 바울도 예수가 신의 가현(假現)이라는 영지주의(Gnosticism)와 싸웠고, 고대의 탁월한 교부 아우구스티누스(Augustinus, 354-430년)도 회의론자들에 반대하여 사유의 자기 확실성을 주장하며 하느님의 창조적 사상이 존재의 근거가 된다고 하여 철학적 신론을 신학에 도입하였다.

중세의 스콜라 철학자 토마스 아퀴나스가 아리스토텔레스의 철학을 기독교 신학에 도입함으로써 신의 존재증명 논의는 정점에 이른다. 토마스 아퀴나스는 이성과 철학을 통해 기독교의 교리를 설명해야 한다고 믿었다. 그는 신앙을 단순히 계시를 통해서만 파악하지 않고 이성을 통해 증명하는 것이 가능하고 그것이 기독교의 진리를 보여주는 힘을 가지고 있다고 확신하였다.

신의 존재증명은 근대 계몽주의 시대까지도 기독교 신학의 중심과제가 되어 왔다.

그러나 근대 철학을 종합한 칸트는 신의 존재증명은 인간이성의 능력과 범위를 넘어서는 논의로서 증명도 반증도 할 수 없다는 결론에 도달하게 되었고 현대 신학에서는 인간이 하느님을 찾아가는 자연 신인식보다 하느님이 인간을 찾아서 자신을 열어 보이시는 계시적, 변증법적 신인식에 관심이 모아지고 있는 것이다.

결국 인간이성에 의한 신의 존재증명은 실패하였고 그에 대한 노력은 무신론으로 변질되거나 새로운 신학의 길을 개척해 나가는 방향으로 발전하게 된 것이다.

이신론과 무신론

인간의 이성으로 신의 존재를 증명할 수 없다면 신은 과연 존재하는가? 이성과 종교는 서로 배타적인가 아니면 상호 보완적인가? 서양문명의 기초인 기독교의 유일신관은 2000년 전에 있었던 예수 그리스도의 죽음과 부활로부터 시작된다.

그의 제자들이 구세주로 믿었던 예수 그리스도는 십자가에서 처참하게 처형되었다. 창조주는 인간들에게 무엇을 요구하고 무엇을 기대했던 것일까? 제자들은 그 절망적 상황을 도저히 이해할 수 없었다. 그러나 여인들의 목격담으로부터 부활하기 시작한 기독교는 초대 교인들이 경험한 십자가 죽음과 부활을 열정적 신앙으로 승화시키고 드디어 로마제국을 정복하였다. 더 나아가 기독교인들은 니케아 공의회(325년)를 소집하여 예수는 신과 동일 본질(homo-ousios)이라고 선언한다.

그후 콘스탄티노플 공의회(381년)와 칼케돈 공의회(451년)를 거쳐 삼위일체 교리를 확정하고 예수의 죽음으로 인간을 죄로부터 구원한다는 속죄론과 구원론이 확산됨으로써 기독교는 중세의 전체 유럽을 지배하는 엄청난 권력으로 성장하였다. 중세 기독교는 철학을 시녀로 삼아 자신을 옹호하게 하였고 십자군 전쟁, 종교재판과 같은 과오를 범하면서 종교개혁을 거쳐 르네상스, 계몽주의 시대를 맞게 된다.

그러나 17세기 말 이신론(理神論, deism)이라는 근대 합리주의 종교관이 나타나 니케아 이후 처음으로 기독교의 정통교리에 정면 도전을 시도하였다.

과거 종교개혁은 기독교의 부분적 탈선을 비판하였지만, 근본 신념 자체에 도전한 것은 아니었다.

이신론은 기독교의 정통교리인 계시, 기적, 삼위일체를 거부하고 신앙의 내용을 이성적 진리에 한정시키고자 함으로써 계몽주의, 이성주의에 입각한 자연신론을 주장한 것이다. 즉 이신론에 의하면 신의 창조는 인정하지만 창조 후 신은 세계의 역사에 관여하지 않는다는 것이다. 신을 우주라는 거대한 기계의 제작자로 이해하고 제작 후에는 그 운동에 간섭하지 않는다고 하여 계시와 기적을 핵심으로 하는 정통 기독교 교리를 부인하고 있다.

이신론은 뉴턴, 존 로크의 사상을 철학적 배경으로 영국의 허버트 경(Lord Herbert)에 의해 시작되어 프랑스, 독일, 미국으로 확산되었으며 프랑스의 인권혁명, 독일의 철학사상 혁명, 미국의 독립혁명에 지대한 영향을 미쳤다. 프랑스의 볼테르(Voltaire, 1694-1778년), 독일의 칸트, 미국의 토마스 제퍼슨(Thomas Jefferson, 1743-1826년)과 같은 저명한 사상가, 정치인들이 모두 이신론자들이다. 이신론자 중에 특이한 사람으로 토마스 페인(Thomas Paine, 1777-1809년)이라는 영국 출신의 사상가가 있다.

토마스 페인은 영국의 서민가정에서 태어나 별다른 학력 없이 공장직공과 세무관리로 종사하다가 40세에 미국으로 건너가 독립전쟁에 참여하면서 미국의 독립을 지지하는 소책자 『상식(Common Sense)』과 『미국의 위기(American Crisis)』라는 시리즈 책자를 발간하여 베스트셀러가 됨으로써 유명해졌다. 그는 프랑스 혁명에도 관여하여 『인간의 권리(Rights of Man)』라는 책자를 발간하고 프랑스 국민공의회 의원으로 선출되기도 하였으나 반역죄로 체포, 수감되기도 하였다.

그 무렵 그는 프랑스 혁명이 절대왕정에 대한 항거에 그치지 않고 기성종교로부터의 해방을 추구하고 있다는 점을 깨닫고 기독교의 속박으로부터 벗어나 이성을 찾아야 한다는 계몽운동을 주장하면서 『이성의 세계(The Age of Reason)』라는 책을 출판하게 된다. 이 책이 기독교의 인격신관을 비판하고 이신론을 이론적으로 설명하고자 한 책이다. 그는 다시 미국으로 돌아와 사망하였는데 유해가 발굴되어 그 행방을 알 수 없다고 한다.

내가 이 책자를 알게 된 것은 고등학교 동창생 3인이 공동으로 이 책을 번역하여 한국 최초로 소개한 덕분인데, 너무나도 반기독교적인 내용이라 처음에는 상당한 충격을 받은 것은 사실이나 이신론을 이해하는 데는 큰 도움이 되었다.

토마스 페인은 이렇게 주장한다.

나는 유일신을 믿는다. 나는 인간이 평등하다고 믿으며 종교적 의무란 올바른 일을 하고 자비를 베풀고 인류의 행복을 위해 노력하는 데 있다고 믿는다.

그러나 제도권의 모든 종교는 하나같이 인류에게 겁을 주고 인류를 노예화하고 권력과 이익을 독점하기 위한 인간의 발명품에 불과한 것으로 보인다.

특히 기독교는 성경을 하느님의 말씀이라고 가르치고 있으나 성경의 거의 대부분은 역사적이거나 일화적인 내용이고 혐오감과 경멸감을 불러일으키는 것들이다.

기독교는 인간이 조물주로부터 멀어진 범죄자이고 소외자에 불과하다고 스스로 폄하하도록 교육하고 구원을 위해 신과 인간 사이에 중보역할을 하는 교회의 직분을 가진 자들에게 접근해야만 살길을 얻게 된다는 착각에 빠지게 한다.

따라서 신이 인간에게 준 이성이라는 최고의 선물을 혐오하게 되고 인간이성이 대항해야 할 낡은 신앙체계를 자신에게 강요하고, 이성이 마치 인간의 산물인 양 착각하여 창조주에게 감사할 줄 모른 채 저속한 이성이라고 비하하게 된다.

결국 기독교는 절대 권능자의 권위를 손상시키고 인간의 이성에 반하며 자체적으로 모순이어서 불합리하고 확신할 수 없고 감동을 주지 못하고 단지 무신론자나 광신자를 만들어 내는 종교에 불과하다는 것이다.

토마스 페인은 인간에 의해 조작되지도 않고 그 안에 근원적 신성의 증거를 가지고 있는 유일한 종교는 순수하고도 단순한 자연신교, 우주종교라고 주장한다.

우리는 하느님을 단지 그가 만드신 창조세계라는 작품을 통해서만 알 수 있고, 그의 본성을 인식할 수 있으며 창조세계라는 경전만이 창조주에 대한 지식과 믿음을 심어 주고 그 본성을 알도록 이끌어 주는 제 원칙에 대한 충분한 자료를 제공해 준다고 한다.

결론적으로 우리에게 창조주가 수립한 우주의 지배법칙을 알 수 있는 과학적 능력이 배양된다면 기성의 신학으로서는 알 수 없는 창조주의 능력과 지혜와 무한하고 선하심을 이해하게 되고 인간이 하느님께 바쳐야 할 경의와 감사의 염을 느낄 수 있게 된다는 것이다.

토마스 페인은 기성종교의 온갖 박해를 무릅쓰고 인간 이성의 회복과 종교로부터의 해방을 강력하게 호소한 근대 이신론의 선봉자였고 『이성의 시대』를 번역한 번역자의 소개말에 의하면 당대의 열혈남아였던 것이다.

자연주의, 계몽주의에 입각한 근대 이신론은 현대의 무신론 사상으로 발전해 간다. 광범한 의미에서의 무신론은 절대자 부인론, 불가지론, 이신론을 모두 포함하기도 하지만 협의의 무신론은 모든 신적 존재, 영적 존재, 초자연적 존재, 초월적 존재를 부정하는 사상이다. 서양문명의 기초인 기독교의 신관이 의문시되기 시작한 것은 근대 이후 과학화, 세속화의 결과라고 한다.

근대적 무신론은 어떤 도그마에 얽매이지 않고 인간의 자유와 권리를 지향하는, 인간이 세상의 주인이라는 사고에서 출발하였다. 그런데 현대에 이르러 인간은 극단적 비종교인으로 변화되었고 독일의 신학자 본회퍼(Bonhoeffer, 1906-1945년)의 표현에 의하면 현대인은 우상숭배조차 할 수 없는 허무주의자로 타락하였다고 한다.

고대 그리스의 소크라테스도 무신론자라는 이유로 처형되었지만 폴리스의 신들을 부정한 것이지 모든 신들을 거부한 것은 아니었다. 반면 지적 쾌락주의 철학자 에피쿠로스(Epicouros, 기원전 341-270년)는 모든 세계가 원자로 구성되어 있고 인간도 물질적 존재이므로 신은 우리와 관계없고 인간을 지배할 수 없다고 한다. 인간은 육체적 정신적 고통에서 벗어나기 위해 은둔 속의 지적활동으로 자유의 쾌락을 지향해야 한다고 주장하였다.

에피쿠로스는 "악의 존재에 대한 역설"에서 신은 전능하고 선하지만 악은 존재한다고 한다. 만일 신이 악을 없애려 하지만 능력이 없다면 신은 전능한 것이 아니다. 능력은 있지만 하지 않는다면 신은 선한 것이 아니라 악한 것이다. 능력도 있고 악을 없애려고 한다면 악이 왜 존재하는가? 능력도 없고 악을 없애려 하지도 않는다면 신이라고 부를 이유가 없다. 신은 존재하지 않거나 존재하더라도 우리에게 아무 관심도 없다는 것이다.

근대의 자유화, 인간화, 과학화, 세속화를 거쳐 현대에서는 어떤 신이든 이를 거부하는 철저한 무신론이 등장하게 되었다. 포이에르바하, 마르크스, 프로이트, 니체 같은 유명한 사상가들이 무신론을 주장하고 나선 것이다.

포이에르바하(Ludwig Feuerbach, 1804-1872년)는 종교를 인간의 자기숭배라고 한다. 종교의 시작과 중심은 인간 자신이며 신의 관념은 인간의 심리적 산물이라는 것이다. 신은 인간의 상상에 불과하고 인간의 소원하는 바를 투사한 것이어서 실재하는 것이라고 볼 수 없다고 주장하였다[투사설].

그의 부친 안셀름(Anselm) 포이에르바하는 우리나라 형법 교과서에도 나오는 범죄의 일반 예방론의 입장에서 심리강제설을 주장한 독일 근대 형법의 아버지로 추앙받는 학자인데, 그 아들은 현대 유물론의 대부가 되어 후세에 지대한 영향을 미치고 있다.

마르크스(Karl Marx, 1818-1883년)는 포이에르바하의 영향을 받아 무신론과 공산주의야말로 새로운 휴머니즘이라고 강조하였다. 그에 의하면 종교는 노동자 계층을 억압하기 위한 사회적 장치로서 민중의 아편이므로 민중해방을 위하여 혁명으로 타도해야 한다는 것이 최종적인 해답이었다[사회 장치설].

프로이트(Sigmund Freud, 1856-1939년)는 종교가 인류의 오이디푸스 콤플렉스에 근거를 둔 것이라고 본다. 그는 인간이 불안하기 때문에 종교를 믿는 것이나 종교적 표상들은 경험의 침전물도 아니고 사유의 최종 결과도 아닌 환상뿐이라고 하였다[환영설].

니체(Friedrich Nietzsche, 1844-1900년)는 신은 죽었다, 신의 죽음으로 더 이상 인간의 가치를 신의 지배하에 둘 필요가 없으며 인간 본성에 대한 새로운 가치체계를 구축해야 한다. 신적, 절대적, 보편적 도덕가치는 없으며 초인(超人)의 권력의지가 가장 정의롭고 가장 우월하다는 것이다. 종래의 아브라함계 종교(유대교, 기독교, 이슬람교)는 인간이 신을 사유케 함으로써 인간의 강한 생명력을 약화시키고 근본적으로 부정직하게 만들었다고 주장하였다.

현대 무신론은 21세기에 이르러 더욱 확산되고 특히 기독교의 요람인 서구에서 횡행하고 있으며 그 형태와 동기도 다양하다.

무신론 가운데는 기독교 신앙과 정면으로 배치되는 것도 있고 기독교 신앙을 침해하지 않는 무신론도 있다고 한다. 또한 그 동기에 있어서도 지성적 고려, 신의 재앙에 대한 공포, 실존적 실망, 불안 제거를 위한 가치부정 등의 여러 가지 특징을 갖추고 있다.

그러나 종교에 대한 많은 세속적 비판과 신학적 비판이 있음에도 불구하고 종교를 긍정적으로 평가하고 종교의 미래를 낙관적으로 구상하는 견해도 있다.

틸리히(Paul Tillich, 1886-1965년)라는 신학자는 종교를 인간정신의 기능으로 보고 무신론도 깊은 종교성의 한 요소라고 하였다. 즉 하느님에 대한 항거는 하느님을 위한 숨은 증명이므로 무신론은 불가능하고 환상이라는 것이다. 무신론도 일종의 종교이며 현대는 다종교적 사회라고 한다.

다종교적 사회 속에 살고 있는 현대인은 다른 종교와 대화해야 하므로 무속과의 대화는 물론 무신론이나 정치적 이데올로기와도 대화해야 된다고 주장한다.

고대의 다신교 시대를 거쳐 일신교인 기독교가 중세의 서양세계를 지배하였다. 그러나 종교가 권력화하면서 기독교는 많은 과오를 범하고 타락하게 된다. 르네상스 이후 인본주의에 눈뜬 인류는 인간의 이성에 주목하였고 이성을 신뢰하고 이성을 숭배하는 경지에까지 이른다.

그러나 참혹한 세계대전을 겪으면서 인간 이성에 회의를 품고 결국 무신론 내지 허무주의에 빠져버렸다. 인류는 어디로 가는 것인가?

1870년 제1차 바티칸 공의회에서 "누구든지 우리의 창조자요 주님이신 유일한 참 하느님이 인간 이성의 자연적 빛으로서 인식될 수 없다고 말하는 자는 정죄될지어다"라는 정죄문을 발표하였던 카톨릭 교회에서도, 1965년 제2차 바티칸 공의회에서는 타종교에도 구원이 있다고 선언하여 종교 간의 화해를 구하였다. 개신교에서도 종교통합을 위한 에큐메니칼 운동을 전개하고 있다.

이러한 현대의 종교적 경향은 매우 고무적이다. 종교는 투쟁이 아니라 화합으로 인류의 평화에 공헌해야 하며 무신론과도 대화하여야 하고 공산주의와 같은 정치적 이데올로기까지도 포용하여야 한다.

신은 인류에게 공포와 압제와 수탈을 요구하지 않으며 언제나 희망과 위안을 주는 인류의 안식처라고 믿기 때문이다.

영혼의 행방

인간은 물질과 정신, 육체와 영혼이 결합되어 있는 유기체이다. 유기체적 생물은 반드시 소멸되는 것이 우주적 일반원칙이므로 인간의 죽음도 창조의 원리에 속한다고 할 수 있다. 그렇다면 인간의 육체가 소멸된 후 그 영혼은 어디로 가는 것일까?

누구나 이 근본문제에 대하여 알고 싶어 하지만 아무도 답변해 주지 않는다. 인간은 사후세계를 알 수 없기 때문이다.

동양의 유교사회에는 사후세계 즉 내세관이 없다. 이 세상의 천지만물은 기(氣)의 집합으로 생기고 흩어짐으로 없어지는 것이다. 사람에게는 기의 결합체인 혼백(魂魄)이 있는데 기운이 다하면 양(陽)인 혼은 하늘로 올라가고 음(陰)인 백은 땅으로 돌아가며 그것이 죽음이라고 한다.

유가에서는 삶과 죽음을 대자연의 법칙으로 알고 죽음 자체의 의미, 죽은 후 세계에 대하여는 관심을 두지 않았고, 인생 자체에 몰두하여야 거룩한 성현의 반열에 이르게 된다는 인간 중심적 사고가 근본을 이루고 있었다. 사후세계에 신경 쓰기보다 현세의 깨달음이 더욱 중요하다는 사상이었다.

불교에서도 죽음은 인간으로서 피할 수 없는 현실이라고 보았다. 그러나 죽음을 초월하는 높은 차원의 진실을 체득함으로써 죽음을 극복할 수 있다고 보았다. 즉 삶과 죽음을 초월하여 업과 윤회를 벗어난 열반(涅槃)의 경지에 이르면 죽음의 문제는 해결된다는 것이다.

불교사상이 중국에 전해지면서 도교와 같은 토속신앙과 결부되어 대승불교, 티베트불교, 미륵신앙, 아미타신앙과 교리가 탄생하고 극락과 지옥이라는 내세 개념이 생겨난다.

서쪽으로 10만억 불국토를 지나면 극락정토라는 이상향이 있는데 그곳에는 아미타불이 살고 있고 번뇌와 괴로움이 없는 평안 청정한 세상이 있다고 한다. 아미타불을 지성으로 믿고 염불하면 사후에 극락왕생한다는 것이다.

우리나라에서도 영혼을 혼백이라고 하며 "넋이 나갔다" "얼이 빠졌다" "혼비백산했다"는 말들이 있는데 혼은 넋이라고도 하며 마음을 통제하는 핵이고, 백은 육체를 움직이는 생명의 원리인 얼을 의미한다고 한다. 육체와 분리된 영혼이 있음을 전제로 하는 말들이다.

서양에서는 그리스 이래 중세에 이르기까지 인간을 영혼과 육체로 나누는 이원론적 사고가 지배적이었다. 그러나 영혼은 육체의 형상이라고 한다. 인간은 '영혼과 육체가 합쳐진 하나의 실체'이므로 영혼을 뺀 육체는 여러 물체를 모아 놓은 것에 불과하고 육체와 분리된 영혼은 인간의 인격이 아니라고 보았다.

특히 기독교에서는 육체의 죽음과 영혼의 죽음을 엄격히 구분한다. 신약성경에 보면 "몸은 죽여도 영혼은 능히 죽이지 못하는 자들을 두려워말고 오직 몸과 영혼을 능히 지옥에 멸하시는 자를 두려워하라"고 경고한다(마태복음 10:28).

기독교의 성경에 의하면 사람이 죽으면 쉬올(sheol, 구약)이나 하데스(hades, 신약)라고 부르는 중간지대로 내려간다고 하였다. 황천이나 저승, 명부(冥府)라고 할 수 있을 것이다. 이곳은 천당도 지옥도 아닌 별개의 장소로 부활이 있을 때까지 이곳에서 대기하게 된다는 관념이다. 그러나 신학계에서는 쉬올과 하데스가 일정한 장소를 표시하는 것이 아니고 육체와 영혼이 분리된 죽음의 상태를 나타낸다고 보고 있다.

기독교에서는 죽은 자의 부활과 최후심판이라는 두 개의 큰 사건을 세계의 종말이라고 한다. 예수 그리스도가 재림할 때 죽은 자들이 부활하고 세계의 종말과 함께 최후심판이 있다는 것이다.

최후심판에서 이방인은 자연법에 의해, 유태인은 규약에 의해, 그리스도인은 신약에 의해 심판받게 되고 그 심판이 천당과 지옥으로 갈린다고 한다.

"죄인들은 영벌(eternal punishment)에, 의인들은 영생(eternal life)에 들어간다고 하였다(마태복음 25:46).

인간의 사후세계에 천당과 지옥이 있다고 확신하고 그 세계를 생생하게 묘사한 고전이 있다. 단테라는 중세 이탈리아의 천재가 쓴 『신곡』이라는 서사시이다.

내가 『신곡』이라는 세계 명작을 만나게 된 것은 고등학교 시절 교장 선생님의 훈화 때문이었다. 그분은 월요일 아침 조회 시간에 이런 말씀을 하셨다.

세상에는 꼭 필요한 사람과 있어서는 안 될 사람, 있으나마나 한 사람이 있는데 사후에 선인은 천당에 가고 악인은 지옥에 가지만 생전에 선도 악도 행하지 못한 비겁자들은 저승으로 가는 "아케론"이라는 강의 뱃사공 "카론"이 배를 태워주지 않아 저승에도 가지 못하고 이승의 잡귀가 되어 방황하게 된다는 것이다.

『신곡』을 빌려 그런 사람이 되지 말라는 경고의 말씀을 전한 것이었다. 그 상황이 궁금해서 세계 명작선을 찾아 『신곡』을 읽었다.

단테는 중세 이탈리아의 피렌체 사람으로 정치인이자 시인이었다. 정치적으로 핍박을 받던 그는 나이 35세의 성금요일(예수의 십자가 처형일)에 특별한 체험을 한다. 숲속에서 세 마리의 짐승, 표범(향락), 사자(오만), 늑대(탐욕)를 만나 쫓기던 중 평소 존경하던 로마의 시인 베르길리우스(Vergilius, 기원전 70-19년)를 만나 지옥, 연옥, 천당을 순방하게 된 것이다. 예루살렘 바로 밑에 있는 지옥문 입구에는 다음과 같은 무서운 글귀가 적혀 있다.

"나를 거쳐서 비통의 지하로 가라. 나를 거쳐서 끝없는 고통으로 가라. 나를 거쳐서 저주받은 무리들 속으로 가라. 정의는 지존하신 창조주를 움직여 성스러운 힘과 최고의 지혜와 불멸의 사랑으로 나를 만드셨도다. 나보다 먼저 창조된 것은 영원 이외에는 없으므로 나는 영겁까지 남아 있으리니 여기 들어오는 너희들은 모든 희망을 버릴진저."

지옥에 들어서면 한숨과 신음과 탄식소리, 고통스러운 소리, 분노로 악쓰는 소리, 와글와글 뒤끓는 소리들이 끝없이 떠돌아다니고 있는데, 그것은 선에도 악에도 무관심했던 비겁자들의 망령의 소리들이었다. 천국도 그들을 받아들이지 않고 지옥도 그들을 거부하고 죽음의 희망조차 없는 망령으로 방황하고 있다는 것이다.

지옥 입구에 이르면 아케론이라는 슬픔의 강이 있는데, 망령들이 떼지어 이 강을 건너고 있다. 그 강에는 카론이라는 성질이 못된 사탄의 뱃사공이 삿대로 망령들을 사정없이 후려치기도 하고 어떨 때는 두툼한 노잣돈을 받아 챙기기도 한다. 단테는 베르길리우스의 안내로 무사히 지옥의 골짜기로 들어선다.

지옥은 제1옥에서부터 맨밑바닥의 제9옥까지 내려가는데, 내부구조에는 거대한 탑, 성벽, 강과 폭포, 숲과 모래 밭 등의 지형도 있어 최근에 출판된 책에는 지옥의 지도까지 그려져 있다.

지옥에서는 수많은 망령들이 각각의 죄명에 따라 끝없는 고통과 절망 속에서 온갖 무서운 형벌을 받는데, 그 장면들이 상세히 묘사되어 있다.

재미있는 것은 제1옥의 모습이다. 이곳은 림보라는 곳으로 예수 그리스도를 모르고 세례를 받지 못한 자들이 머무르는 곳이다. 여기에서는 육체적 고통보다 영적 고통으로 통곡한다. 단테는 이곳에서 옛날의 유명한 시인, 철인, 영웅, 명장들의 영혼을 본다. 플라톤, 아리스토텔레스, 제논, 유클리드, 카이사르, 키케로, 세네카의 영혼들이 모두 이곳에 있다. 그러나 아담, 아벨, 노아, 모세, 아브라함, 다윗, 야곱과 그 자손들과 같은 성가족들의 영혼은 예수의 축복으로 구원되었다고 한다.

마지막 최악의 지옥은 주데카라고 하는 제9옥이다. 이곳은 은인을 배반한 저주의 영혼들이 얼어붙어 있다. 예수를 배반한 유다, 시저를 암살한 브루투스와 카시우스가 사탄의 왕인 루치페로에게 물어뜯기고 있는데 너무나 참혹하여 표현할 수 없는 공포로 호흡을 잃어버렸다고 한다.

지옥의 모든 것을 본 단테는 루치페로의 털에 매달려 지심(地心)을 거쳐 남반구의 정죄산(淨罪山) 기슭으로 나오게 된다. 평자들은 『신곡』 중에서도 지옥편이 문학적으로 가장 걸작이라고 하는데 나는 사탄의 이름을 왜 루치페로라고 했을까가 의문이었다. 루치페로(루시퍼, Lucifer)는 금성(샛별, morning star)의 명칭인데 아름다운 샛별을 왜 사탄의 이름으로 했을까? 루치페로는 원래 아름다운 천사였는데, 하느님께 대적하다가 지옥 밑바닥으로 떨어졌다는 성경 말씀(이사야서, 14:12)을 찬란한 샛별도 아침 햇살에 사라진다는 의미로 상징적으로 표현한 것이라고 해석한다.

지옥의 남반구로 나온 단테는 연옥으로 향한다. 연옥은 예루살렘과 정반대쪽 남반구 해상에 홀로 솟아있는 정죄산에 있는데 구원을 받은 영혼이 천국에 오르기 전에 죄벌을 씻는 곳이다.

단테는 지상의 죄를 망각케 하는 레테 강에 몸을 씻고 선행의 기억을 살리는 에우노에 강물을 마시는 정화과정을 거쳐 지상낙원에 오른다. 『신곡』의 연옥편은 가장 철학적이고 난해하고 어려운 부분이라고 평가되고 있다.

『신곡』의 천국은 베르길리우스가 들어갈 수 없어 원래 이 여행을 기획한 단테의 영원한 여인 베아트리체가 인도하고 있는데, 지구를 둘러싼 제1천부터 제9천을 거쳐 최고천인 엠피레오에 이른다. 지고천은 시공을 초월하여 빛과 사랑과 기쁨만이 있는 하늘이다. 그곳에서 단테는 축복받은 천사들과 성모마리아를 보고 성모마리아의 성총으로 마침내 지복의 한 영혼처럼 천주 하느님의 본성을 관상하게 된다. 그는 하느님 안에서 조물의 원형을 보고 성삼위와 천주강생의 현의를 본다.

"드높은 빛의 깊고 맑은 독립체 속에 빛은 셋이요
부피는 하나인 세 둘레가 보였으니 하나가 하나로부터
반사되는 듯 보이고 셋째는 둘에게서 똑같이 내불어지는
불같이 보이니라. 오! 말이란 얼마나 모자라는 것인가.
내가 본 것을 조금 말한다는 것마저 당치않은 소리로다"

여기에서 마침내 성총의 작용은 끝나게 되고 따라서 직관도 막을 내린다.

단테 사후 600년이 지난 20세기 초 교황 베네딕투스 15세는 단테를 "고귀한 그리스도교의 시인"이라고 칭하고 이 시인을 사랑하고 포옹하라는 회칙을 내렸다. 교황은 광범위한 종교적 기반 위에 성전처럼 솟아오른 이 시(詩)가 카톨릭 교리의 보고로서 그리스도적 철학과 신학의 정화된 아름다움뿐 아니라 정치적 사회를 형성하고 통치하는 데에 성공할 것을 보증하는 초자연적 예지가 포함되어 있다고 예찬하였다.

카톨릭 교회에서는 단테의 이 저작이 기독교 교리에 합당함을 공식 인정하고 있는 것이다.

한편, 불교에서는 죽음은 육체와 영혼의 결합이 깨어지는 상태인데, 육신은 그 형태가 바뀐 채 시공간이라는 물질계에 돌아가 다른 생명체의 육신이 되고 영혼도 그 형태가 변해 정신계란 영계로 돌아갔다가 새로운 생명의 원인이 된다고 한다. 특히 불교의 유식론(唯識論)에서는 인간의 정신활동을 전오식(前五識)과 후삼식(後三識)으로 구분하여 이해하고 있다.

전오식은 인간의 다섯 가지 감각을 통해 알게 되는 정보 즉 안식, 이식, 비식, 설식, 신식을 말하며 후삼식은 이성적 활동인 의식(意識), 감정적 본능적 활동인 말나식(末那識, 잠재의식) 그리고 불교에서 업(業)이라고 표현하는 경험의 전부를 저장하는 아뢰야식(阿賴耶識)이다.

전오식과 의식, 말나식까지는 육신에 근거를 두고 있어 생명과 불가분의 관계가 있으나, 아뢰야식은 육신에 뿌리가 있는 것이 아니고 육신의 주위를 감싸고 있는 어떤 기운 같은 것이므로 사후에도 소멸되지 않고 영원히 남는다고 한다. 이것은 인연에 의해 다시 생명이 되어 칠식이 새로 더해질 때까지 고요한 침잠의 세계 속의 기운이다.

이 아뢰야식이 생각하고 판단하고 결정하고 고통받고 나에 대해 집착하는 존재가 아니고 우주적 생명의 근원이 되는 영혼이라는 것이다.

그렇다면 인간의 사후 그 영혼은 어디로 가는 것인가?

나는 몇 년 전에 영혼의 행방에 관하여 재미있고도 이론적으로 설명한 불교관련 서적을 본 일이 있다. 『마음의 여행』이라는 제목의 책인데, 불교를 깊이 연구한 어느 여성 작가의 작품이다.

그는 사후 영혼이 어디에 있게 되는지에 대해서 이렇게 설명하고 있다.

"생명은 물질과 정신의 만남이 일으킨 불꽃이다. 이 불꽃은 번갯불처럼 순간적인데 우리가 그것을 길게 느끼고 있을 뿐이다. 번갯불이 번쩍 비치고 나서 번갯불이 어디로 갔느냐고 묻는 것은 아무 의미가 없다. 전기입자를 가진 구름들이 다시 만나면 번개는 언제라도 재생될 뿐 달리 오고 가는 곳이 없다."

"자아(말나식)란 이 생명의 번갯불이 비칠 때만 존재한다. 다음 순간 자아라는 것은 찾을 길이 없다. 구름 속에 뭉쳐진 전기입자들뿐이다."

"영혼(아뢰야식)은 번개를 일으키는 구름 속의 전기입자들처럼 보이지 않는 존재이지만 생명의 근원이다. 영혼은 스스로를 인식하지 못하고 업장의 바다에서 소용돌이치는 구름이다. 그것은 시공간상에 존재하는 위치가 아니기 때문에 「언제부터, 어디에」라는 말로 설명될 수 없는 것이다."

그는 결론적으로 이렇게 말하고 있다.

"업장의 바다는 인연의 끝으로서 시공간에 연결되어 있지만, 크기도, 거리도, 위치도 없는 세계다. 인연의 끝이 닿아 있는 한 지척에 있는 것이고 그 관계가 끊어지면 이 우주의 끝보다 멀리 있는 세계다. 죽음과 환생 사이에 영혼이 머무는 곳을 찾는다는 것은 얼마나 어리석은 일인가?"

불자다운 생각이고 불자다운 결론이라고 느껴졌다.

인간의 죽음이 다른 동식물의 죽음과 구별되는 것은 인간이 자신의 사멸성을 알고 있다는 데 있다. 그것은 사후의 영혼을 인정하고 있는 것이다. 그렇다면 인간의 영혼은 과연 어디로부터 오고 또 어디로 가는 것인가?

기독교 성경에 "바리새인들이 하느님의 나라가 어느 때에 임하나이까 묻거늘, 예수께서 대답하여 가라사대 하느님의 나라는 볼 수 있게 임하는 것이 아니요 또 여기있다 저기 있다고 못하리니 하느님의 나라는 너희 안에 있느니라"라는 말씀이 있다 (누가복음 17:20-21).

불교의 반야심경에는 "물질세계도 없고 정신세계도 없으며 인연이 시작되는 시발점도, 인연이 다하는 종착점도 없고 늙고 죽음도 없으며, 깨달음도 없고 얻을 것도 없다"고 하였다.

부처가 되는 순간은 부처란 것은 존재하지도 않음을 알게 되는 순간이다. 부처가 되고자 하는 자기 자신이 사라져 버리는 생사 초월의 경지에 이르러 드디어 모든 번뇌가 사라지는 열반의 문이 열린다는 것이다.

결국, 우리가 알 수 있는 것은 아무것도 없다는 결론에 이른다. 여기에서 우리는 다시 대철학자 칸트의 이론으로 돌아갈 수밖에 없다. 인간의 의지가 도덕법칙과 일치하기 위해서는 영혼불멸이 전제되어야 하고, 이를 보증하기 위해서 신의 존재가 반드시 필요하다는 실천이성의 이론이다. 신이 존재하는 한 마지막 심판과 그 상벌인 천국과 지옥은 당연히 상정되는 것이며 우리는 그 존재를 믿어야 하는 것이다.

사후 영혼의 문제는 주관적 환상이나 객관적 논리의 문제가 아니라 창조법칙의 문제라고 본다. 따라서 신이 창조한 자연법칙과 도덕법칙, 그리고 자유 이성과 선한 의지를 모두 수용해야 한다는 칸트의 감동적 주장에 나는 전적으로 공감한다.

부활의 의미

러시아의 대문호 톨스토이는 많은 명작 소설을 남겼지만 말년에 『부활(復活)』이라는 불후의 명작을 쓴다. 이 소설은 국내외에서 영화로도 만들어졌고 연극무대에도 많이 올라 그 내용을 모르는 사람은 없을 것이다.

소설의 줄거리는 간단하다.

한 귀족 청년과 천한 하녀와의 이룰 수 없는 사랑, 순진무구한 처녀의 희생과 오만한 청년의 배신, 그 후에 발생하는 살인사건과 사회체제의 모순, 재판에 얽힌 부조리와 그 시정을 위한 투쟁, 그 과정에서 일어나는 참회와 진정한 인간의 발견, 새로운 사랑과 희망의 탄생을 역동적으로 그리고 있다.

그러나 이 소설이 여기에서 그쳤다면 불후의 명작이 되지 못하고 연애소설이나 사회풍자소설 정도로 평가 되었을지 모른다. 이 소설의 백미는 감동적인 마지막 장면이다.

자신의 죄책감으로 인해 옛 연인이 있는 시베리아 유형지까지 따라가게 된 주인공 청년은 오히려 자기를 용서해 달라는 연인을 떠나보낸 후 쓸쓸한 시골 여관방에서 책상 위에 놓여있던 성경책을 무심코 집어 들었다. 거기에는 포도밭 농부들에 대한 비유가 적혀 있었다(마태복음 21:33).

"농부들은 주인을 위해 일하라고 맡겨진 포도밭을 자신들의 재산으로 여기고 즐기던 중 주인이 수확물을 받으려고 하인을 보내자 자신들의 의무를 잊고 주인의 하인들과 그의 아들까지 죽였으니 주인은 이 농부들을 어떻게 하겠는가?"

그는 생각했다.

"우리도 이와 똑같은 짓을 하고 있구나, 만일 우리가 이 세상에 보내졌다면 그것은 누군가의 의지로 어떤 목적을 위해 보내진 것이 틀림없을 터인데, 주인의 의지를 거역했던 농부들처럼 뻔뻔스럽게 살고 있구나, 포도밭 농부들처럼 우리도 나쁜 보답을 받을 것이 자명하다. 주인의 의지는 이미 계율에 모두 표현되어 있으니 이를 실행하기만 하면 되는 것이다. 너희는 먼저 하늘나라와 의를 구하라. 그러면 나머지는 모두 너희에게 돌아가리라 하였는데 우리는 나머지 것만 찾고 있구나. 이제 나는 다른 일을 시작하여야 한다."

"그날 밤부터 주인공 청년에게는 새로운 삶이 시작되었다. 그 부활의 삶이 어떤 결말을 맺을지, 그것은 미래가 보여줄 것이다."

이렇게 이 소설의 대미를 마치고 있다.

톨스토이는 이 소설에서 새로운 삶에 이르는 길이 엄청난 고난의 길이기는 하지만, 그 참된 의미를 깨달을 때 상상할 수 없는 희열과 행복을 느끼게 된다는 것을 강조하며 독자들의 동참을 호소하고 있는 것 같다. 과연 우리도 그렇게 부활할 수 있을 것인가?

부활사상은 고대 이집트와 그리스에서도 발전된 사상이었다. 이집트의 왕 파라오는 신으로까지 추앙되었으며 죽은 후에도 그 시신은 부활을 위해 미라로 보존되었다. 그리스에서도 육체와 영혼을 구분하는 이원론적 사고에 빠져 영지주의로까지 발전하는 신플라톤주의가 성행하게 된다.

부활사상이 매우 중요한 의미를 갖게 된 것은 기독교 신앙에서 비롯된다. 기독교 신앙의 근간이다. 부활이 없으면 십자가도 헛된 것이고 우리 믿음은 거짓이라고 성경에 기록되어 있다. 부활은 죽은 자가 다시 살아나는 것이다.

부활은 세계의 종말이 올 때 최후의 심판 직전에 있게 되며 육체가 부활하는 것이라고 한다(고린도 전서 15장). 신학자들은 육체의 부활은 맞으나 다른 형태 즉 영원한 생명을 가진 형태,

하늘의 천사들과 같은 모습이라고 주장한다(마태복음 22:30).

기독교의 부활사상은 2000년 전에 있었던 예수 그리스도의 부활사건에 근거를 둔다. 인간 예수는 과연 부활했는가? 죽은 자가 부활했다는 것은 과학적으로 증명할 수 없다. 그렇다면 어떻게 역사적 사실이라고 증명할 수 있는가? 부활의 신비를 객관적으로 증명할 수는 없다. 성경은 부활 자체를 증언하지는 않는다. 예수의 무덤이 비어 있었다는 빈 무덤 설화와 제자들에게 나타나셨다는 나타나심의 체험을 통해 예수의 부활을 믿는다는 것이다.

처형되어 사망한 예수는 신의 아들임을 과시하면서 로마총독이나 유대교 지도자들에게 화려하게 나타난 것이 아니다. 그는 자신을 따른 여인들, 제자들 그리고 소수의 신자들에게만 부활의 모습을 보여 주었다. 절망에 빠졌던 예수의 민중들은 그의 부활을 보고 용감하게 일어나, 예수 공동체를 만들고 예수의 복음을 전파하기 시작한 것이다. 예수를 따르는 자들에게는 그의 수난이 자신들의 수난이고 그의 죽음이 자신들의 죽음이고, 그의 부활이 자신들의 부활로 인식된 것이다.

부활한 예수는 그의 고난에 참여한 신자들에게만 나타나 부활의 의미를 알리고 우리도 부활할 수 있다는 굳은 신앙을 심어주었으며 그 신앙을 통해 예수 그리스도를 만날 수 있다는 것이다.

이것이 예수 부활에 대한 신학적 해석이고 부활의 케리그마

(kerygma, 말씀, 선포)를 역사 속에서 만날 수 있는 이유라고 한다.

이제 우리의 부활은 어떻게 이해해야 할까? 유럽 폴란드의 남쪽지방에 "쿠도바 즈드로이"라는 작은 도시가 있다. 그 도시에 작은 성당이 있는데, 세계적으로 유명한 해골성당이다. 얼마 전 교육방송의 세계 여행프로에서 방영되었다. 정문을 열고 들어가면 기막힌 장면이 나온다.

성당의 내부 벽면이 모두 사람의 해골로 장식되어 있고 천장에도 인골로 장식을 해 놓았다. 무섭고 처절하고 신비롭기도 한 이 성당은 1770년경 한 신부에 의해 세워졌다고 한다. 17-18세기경 그 지방은 전쟁과 전염병으로 인해 수많은 사람들이 죽어 갔는데 그 성당에는 2만2000위의 유해가 안치되어 있고 2000여 유골로 내부를 장식해 놓았다는 것이다. 왜 그런 성당을 만들어 놓았을까? 그들의 부활을 위한 것이다. 처참하게 죽어간 사람들의 부활을 위해 수많은 유골을 정성들여 쌓아 놓은 것이다. 그들은 지금도 성경의 마지막 구절을 갈구하고 있을 것이다.

"어서 오소서, 주 예수여."

그러나 우리의 부활은 죽은 시체가 벌떡 일어서는 것은 아니라고 한 목사님이 설교하는 것을 들은 바 있다. 우리의 부활은 죽음이라는 인간 한계를 넘어 영원히 살 수 있는 새로운 형태의 삶을 의미한 것이다. 그리고 그러한 부활은 예수의 십자가 고

난과 부활의 의미를 이해할 때 비로소 우리에게 찾아온다는 신앙이다. 부활에 이르는 첫 번째 관문은 바로 개심(conversion)이다. 완전히 다른 사람으로 변화되어야 한다. 톨스토이가 말하는 부활도 바로 그런 것이다. 얼마나 어렵고 고통스러운 길인가? 그러나 그 길을 가야 부활을 만날 수 있다는 것이 기독교 신앙의 믿음이다. 부활을 위한 개심의 결단이 언제 이루어질 것인지, 누구나 한번 깊이 생각해 볼일이 아닐까?

동양의 불교에서는 부활과는 다른 개념이지만 윤회(輪廻)라는 사상이 있다. 깨달음의 경지, 구원의 상태에 이르지 못한 중생들은 그 상태에 이를 때까지 자신이 지은 업(業)에 따라 육도(六道, 지옥, 아귀, 축생, 아수라. 인간, 천계)에 죽고 태어남을 끊임없이 반복한다는 것이다.

고통스러운 윤회의 여행은 억겁의 세월을 두고 지속 반복된다. 인연의 세계에서 벗어나 해탈 즉 공(空)의 세계로 돌아가야 윤회도 끝나게 된다는 것이다.

서예가로 유명한 추사 김정희의 일대기를 보면 그와 절친한 사이였던 초의 선사와 대담하는 장면이 나온다. 깨달음에 관하여 초의 선사가 설명하는 장면이다. 어느 절의 주지 스님이 대웅전에 앉아 예불을 드리는데 벌레 한 마리가 지나가면서 말을 걸었다.

"스님, 나도 수백 년 전에 이 절의 주지 스님이었는데 제자의 물음에 대답을 잘못한 업보로 벌레가 되었소. 그런데 지금까지도 그 제자의 물음에 대한 정답을 모르겠으니 좀 알려주시오. 제자가 '도(道)를 열심히 닦으면 윤회에 떨어지지 않습니까'라고 묻기에 '그렇다'고 답변하였는데 내가 벌레가 되었으니 답변을 잘못한 것이 맞소?"

그 소리를 들은 주지 스님은 벌레를 향해 소리 질렀다.

"이 멍청한 벌레야, 윤회라는 것은 애초에 없는 것이다."

그 대답을 듣는 순간 벌레는 윤회에서 벗어나게 되었다. 윤회라는 집착에서 벗어난 것이다. 그것이 바로 윤회의 끝인 해탈 즉 무(無)의 세계라고 한다.

기독교에서도 초대 교회 시대에는 윤회사상을 인정하고 있었다. 그러나 6세기 초 콘스탄티노플 공의회에서 이단으로 규정하고 엄중 처단하였다. 인간 자신의 업보를 중시하는 윤회사상은 하느님의 창조사상과 배치된다는 것이다.

불교에서도 윤회사상이 무아(無我)라는 중요 사상과 어긋난다는 설이 있다. 내가 윤회한다는 것은 무아사상과 모순된다는 것이다. 그러나 자아에 대한 집착이 없는 아뢰야식이 윤회한다고 보면 무아사상과 모순되는 것도 아니다. 오늘날까지도 불교에서는 여전히 무아사상, 공의 사상과 함께 윤회사상이 중요한 신앙의 근간을 이루고 있다.

기독교의 부활사상이나 불교의 윤회사상은 모두 현재의 삶

이후의 문제 즉 내세를 이야기하는 것이다. 부활은 1회적이고 영원한 삶을 의미하고, 윤회는 지속 반복적이고 한시적 삶을 의미한다고 구별하는 견해도 있지만 어쨌든 내세의 더 좋은 삶을 소망하는 인간의 염원을 담은 종교적 사상이다.

그런데 부활을 위해서는 개심이 필요하고 더 좋은 윤회를 위해서는 선업(善業)을 쌓거나 인연을 끊어야 한다는 점에서 모두 인간으로서 쉬운 일은 아니다. 더 좋은 내세를 위해서 현생에서 노력해야 한다는 윤리적 명령에 감히 누가 거역할 수 있겠는가?

종교란 무엇일까?

국어사전에 의하면 종교는 "초월적인 절대자를 인정하고 일정한 양식에 의해 숭배하고 신앙함으로써 심리적 평안을 얻으려고 하는 정신문화의 한 체계"라고 정의하고 있다.

인간은 홀로 살 수 없는 존재이므로 사회와 자연이라는 외부적 존재와 관련을 맺고 상호 의존하며 살아가야 한다. 고대 원시사회에서는 이해할 수 없는 자연현상이나 거대한 자연자체를 모두 신으로 생각하여 다신교가 생겨났고, 더 나아가 우주창조자, 신들까지도 창조한 제일 원인에 생각이 미쳐 유일신교가 성립하게 된다. 또한 인간은 제의행위를 통해 초월적 존재와 조화를 이루려 함으로써 신의 개념을 계속 발전시켜 왔다.

서양의 기독교 사회에서는 18세기 계몽주의하에서 인간이성의 무한성을 믿고 이성에 의하여 이성 이외의 모든 것을 비판하였으나, 칸트의 비판철학에서 계몽주의를 극복하고 인간이성의 유한성을 자각하게 된다. 칸트의 종교철학은 인간의 삶에 있어서 최고선의 실현을 촉구하기 위해 도덕법칙을 신의 명령으로 인식하는 데에서 출발하였다.

그러나 기독교는 실제로 칸트의 이해와는 달리 발전하여 왔다. 기독교 신앙은 도덕적 실천의 모범도 중요하지만 계시 신앙으로서의 기독교의 본질은 십자가 대속과 부활과 재림에 있다고 보는 것이다. 따라서 기독교에서의 종교는 "인간과 하느님과의 관계"를 말한다고 본다. 종교는 철학적 지식이 아니고 신의 존재를 이념으로 요청하는 실천적 도덕도 아니다. 종교는 인간 본성에서 발견되는 것이며 하느님의 형상대로 창조된 인간이 하느님의 자기계시를 받아들이는 것이라고 한다.

동양의 불교에서는 신이 존재하지 않고 불법(佛法)이 있을 뿐이다. 우주창조, 영혼, 생사와 같은 형이상학적 논리에서 벗어나 고뇌에 얽매인 우리는 우선 불법에 따라 이 고뇌에서 실천적으로 벗어나야 된다고 한다. 스스로의 깨달음을 통한 참진리의 발견을 강조하고 있는 것이다.

불교에서 부처님의 가르침은 다섯 가지 특징이 있다고 한다. 첫째, 현실적으로 증명되고 체험된다. 둘째, 노력한 만큼 현세에 성과가 나타난다. 셋째, 누구에게나 열려 있는 진리이다. 넷째, 모든 집착에서 벗어나 절대 자유의 경지인 열반에 이르는 확실한 길이다. 다섯째, 지혜 있는 자는 스스로 자각할 수 있다.

종교에 대한 설명은 수없이 많다.

종교는 삶의 가치를 믿음을 통해서 완성하고자 하는 인간의 열망이다.

종교는 초월적 존재에 대한 믿음을 근간으로 초월적 존재에 대한 고민이다.

종교는 진리를 알고 그것을 내면화하려는 갈망이며, 궁극적으로 자연 질서와 우주라는 끝없는 세계, 죽음 이후의 세계를 향하는 인간의 본질적 속성이다.

종교는 인간의 필요와 갈망 그리고 도덕적 존재의 의식 속에서 영적 교통의 신성을 체험하는 것이다.

종교는 다른 현상과 구별되는 독특한 것이 아니고 인간이 열망하는 것의 총체에 대한 명칭, 인류의 문화 전체에 대한 호칭이라고 한다.

이상에서 본 바와 같이 종교라는 의미는 매우 다의적이다. 그러나 그 표현을 종합하면 대체로 다음 네 가지 요건을 구비하고 있음을 알 수 있다.

첫째, 종교는 초월적 존재를 대상으로 한다. 그 존재가 인격신일 수도 있고 자연신일 수도 있다. 또는 어떤 우주의 법칙이나 원리일 수도 있다. 초월적 존재 특히 인격신의 경우 존재의 본질 내지 속성과 의지를 가지고 있다. 기독교에서는 전통적으로 독립성, 단순성, 완전성, 영원성, 불변성을 신의 속성이라고 하였으나, 현대에는 신의 거룩함과 사랑이 본질적 특성이라고 본다. 그 결과 구원론에 있어서 하느님의 선택과 유기가 이미 예정되어 있다는 캘빈의 이중예정설은 하느님의 사랑에 일치하지 못하고, 전통적인 만인구원설은 하느님의 거룩하심에 어긋날 뿐 아니라 인간의 책임을 무의미하게 한다는 이유로 성서적 선택론과 예정설의 통합을 시도해야 한다는 신학적 주장이 유력하다.

둘째, 종교는 일정 의식을 통해 믿음을 표현한다. 종교의례는 어느 종교에서나 교리에 따른 종교시설에서의 예배와 선교활동일 것이다. 성의를 다하는 예배와 간절한 기도, 열성적인 선교활동은 종교적으로 훌륭한 일이다. 문제는 종교시설의 지나친 대형화에 있다.

전 세계적으로 로마 카톨릭과 개신교를 포함한 기독교 신도가 약 22억, 이슬람교 13억, 힌두교 9억, 불교 4억의 신도가 있다고 하는데 선교로 신도가 증가하면 시설도 확충해야 할 것이다. 그러나 상상을 초월하는 대규모 종교시설이나 호화스러운 장치는 많은 사람들의 눈살을 찌푸리게 한다.

얼마 전 교회의 대형화가 필요한 절실한 이유에 대해 한 목사님의 설교를 들은 일이 있다.

땅끝까지 선교하라는 예수님의 말씀을 실천하기 위해서는 적극적 후원이 필요하고, 교회의 대형화가 후원의 큰 동력이 된다는 것이다.

그러나 우리는 이미 로마 카톨릭의 대형화에 따른 성직자들의 부패와 타락 그리고 교리에 벗어난 교회의 권력화로 착취와 탄압을 자행한 불행의 역사를 보아왔다.

교회의 대형화는 그 장점보다는 오히려 성직의 세습, 재정의 불투명, 재산의 사유화, 교인 간의 불화와 분열 등 성스러운 믿음의 종교의식과는 거리가 먼 각종 폐단의 원인이 되는 현실을 직시해야 한다.

어느 종교에서나 종교의식이 기본교리에서 벗어나 지나치게 세속화된다면 그 종교는 이미 종교의 의미를 상실한 것이다.

셋째, 종교는 믿음으로 심리적 평안을 얻는 것이다. 인간이 절대자에게 의존함으로써 불안과 고뇌에서 벗어나 심리적 평안을 얻고자 함이 종교의 목적이다. 혹자는 기복신앙(祈福信仰)을 저급 종교라고 폄하한다. 불교에서도 한없는 이타행(利他行)과 자비심으로 공덕을 쌓으라고 가르치고 있다. 구원을 얻어 지옥의 형벌을 피하고 영생을 기구하는 것도 이기적 소망이고 집착이라는 것이다. 그러나 모든 종교에는 이기적 소망이 있기 마련이다. 그것이 종교의 본질이고 목적이기 때문이다. 불교에도 관세음보살이 간절한 소망을 이루어 준다고 하지 않는가?

타인에게 고통이나 해악을 주지 않는 한 단순한 이기적 염원을 비종교적이라고 비난할 수는 없다고 본다. 성황당에 돌을 올려놓고 자신의 소망을 비는 것도 종교행위임에는 틀림없다.

넷째, 종교는 정신문화의 한 체계라고 한다. 이것은 역사가 증명하는 사실이다. 종교는 반드시 문명으로 발전되고 연결된다. 유대교는 히브리 문명과, 기독교는 서구 문명과, 회교는 이슬람 문명, 불교는 동양의 불교 문명, 힌두교는 인도 문명과 밀접하게 연결되어 흥망성쇠를 같이하고 있다. 그런 의미에서 종교는 정신문화의 한 체계라고 확실하게 말할 수 있을 것이다.

결론적으로 나는 종교는 주관적인 것이라고 생각한다. 현대 신학의 아버지 슐라이어마허(Schleiermacher, 1768-1834년)는 계몽시대의 이성주의, 합리주의와 칸트의 도덕주의를 배격하고 종교는 순수한 감정과 직관이라고 하였다. 종교는 인간이 자기 자신의 한계를 의식하는 데서 성립되며 지식이나 도덕과 구별되는 절대의존의 감정이라는 것이다.

바르트(Karl Barth, 1886-1968년) 등 현대 기독교 계시신학자들은 그의 주장을 주관적, 맹목적 자연신학이라고 비판하고 있으나 나는 슐라이어마허의 견해에 전적으로 찬동하고 싶다. 천재 수학자이고 철학자였던 파스칼(B. Pascal, 1623-1662년)도 신앙은 이성의 확실성이 아니라 마음의 확실성이며 하느님을 마음으로 감지할 수 있는 묘법이라고 하였다.

문제는 마음의 확실성이 현대판 바리새인들을 만들고 있다는 것이다. 절대자를 믿는 것, 율법을 지키는 것, 엄격한 도덕생활을 하는 것, 그리고 영생을 확신하는 것만이 종교가 아니라는 것이다.

그렇다면 진정한 종교란 무엇인가? 그 정답은 이미 수천 년 전 교과서에 나와 있었던 것이다. 기독교 성경에서는 율법 중 가장 큰 계명이 네 목숨을 다하여 하느님을 사랑하라는 것이고, 둘째 계명은 네 이웃을 네 몸과 같이 사랑하라는 것이다(마태복음 22:37-38). 불교 경전에서도 이타행(利他行), 자비심이 해탈의 근본이라고 가르친다.

결국 종교의 기본은 절대의존의 감정과 거기에서 우러나오는 사랑의 감정이다. 절대자를 공경하고 이웃을 사랑하는 것이 종교의 본질이라는 것이다.

아직도 바리새인의 종교관념을 벗어나지 못하고 있는 나는 언제나 종교의 참의미를 깨닫게 될 것인가? 천국행이 이렇게도 먼 것인가?

chapter | 5

예술의 세계에서

변호사가 본
이성의 세계
감성의 세계

샹그릴라를 찾아서

예술의 세계에서도 문학의 세계는 인간의 상상력을 무한대로 펼칠 수 있는 가장 편리하고 소중한 표현수단이라고 할 수 있을 것이다.

서양에서는 토머스 모어가 『유토피아』에서 빈부의 차가 없는 평등국가를 이상향으로 그리고 있다. 동양에서는 도연명이 『도화원기』에서 격리된 장수의 평화마을인 무릉도원을 소개하고 있다.

샹그릴라(Shangri-La)는 제임스 힐턴이라는 서양작가가 동양의 유토피아를 묘사하면서 표현한 명칭인데, 이것이 지상천국을 가리키는 보통명사처럼 된 것이다.

제임스 힐턴(James Hilton, 1900-1954년)은 『잃어버린 지평선

(The Lost Horizon)』이라는 소설에서 곤륜산맥의 서쪽 끝자락에 숨겨진 신비롭고 평화로운 계곡, 영원한 행복을 누릴 수 있는 외부로부터 단절된 히말라야의 유토피아를 샹그릴라라고 하였다. 샹그릴라의 사람들은 평균 수명을 훨씬 넘어 거의 불사(不死)의 삶을 살고 있다는 것이다.

유토피아나 무릉도원과 같이 문학작품 속에 나오는 이상향들은 대개 비슷한 조건들을 갖추고 있다.

첫째, 주변 환경이 신비롭고 아름답다. 둘째, 사람들이 행복하게 불로장수한다. 셋째, 아무나 찾을 수 없는 은둔의 세계다. 샹그릴라도 그런 조건을 갖춘 가상의 세계다.

그런데 과연 그런 곳이 지구상에 있을까? 사람들은 궁금하게 생각한다. 아무리 소설 속의 이야기라 하더라도 작가가 모델로 삼은 비슷한 곳이 있을지도 모른다. 그곳은 어디일까?

티베트 사람들은 샹그릴라를 티베트 불교에 전승되는 샴발라[香巴拉]라는 신비의 도시에 근거가 있다고 한다.

중국 사람들은 운남성의 티베트족 자치주에 있는 중뎬[中甸]이라는 아름다운 마을을 이곳에 오래 거주하던 미국인 식물학자가 미국 잡지에 소개하였는데 제임스 힐턴이 이 글을 보고 소설화하였다고 한다.

중국은 이 마을을 샹그릴라[香格里拉]라고 개명하여 관광도시로 개발하였는데 상업화로 타락하다가 2014년 1월에 대화재로

도시의 3분의 1이 소실되었다고 한다.

인도사람들은 인도의 북쪽 옛 라다크 왕국의 수도 레(Leh)를 샹그릴라의 모형이라고 한다. 소설에서처럼 티베트 불교사원을 중심으로 생활하고 있는데, 사람들이 순박하고 신앙심이 깊은 은둔의 도시로 알려져 있다.

그런데 작가의 고향인 영국에서는 작가가 인도에 주둔하고 있던 군인 친구로부터 파키스탄 북쪽의 험준한 카라코람 산맥의 깊은 골짜기에 훈자(Hunja)라는 왕국이 있는데, 그곳 산들은 순수한 빛으로 인해 눈이 부실 정도로 빛나고 계곡의 짙은 푸르름은 비할 데 없이 아름다우며 그곳 사람들은 불로장수한다는 얘기를 전해 듣고 이 소설의 소재로 하였다고 알려져 있다.

내가 훈자 왕국에 관심을 갖게 된 것은 30여 년 전 TV에서 일본 NHK 방송국이 제작한 〈실크로드(Silk Road)〉라는 다큐멘터리를 본 후부터인데 과연 샹그릴라가 틀림없는 것 같았다.

샹그릴라는 우선 아름다운 곳이어야 한다. 그런데 훈자 계곡은 유네스코가 지정한 세계 10대 절경에 들어가 있는 곳이다. 세계 10대 절경은 1. 볼리비아의 우유니 소금사막 2. 아프리카의 빅토리아 폭포 3. 터키의 카파도키아 4. 파키스탄의 훈자 밸리 5. 미국의 그랜드 캐년 6. 베네수엘라의 엔젤 폭포 7. 아프리카의 나미비아 사막 8. 중국의 황산 9. 호주의 그레이트 오션로드 10. 미국의 로키 산맥이 포함되어 있다.

소설 『잃어버린 지평선』에서 소개되는 샹그릴라는 샹그리 언덕 위에 있는 티베트 불교(라마교) 사원이 중심이다. 그곳에는 "카라칼", 즉 푸른 달이라는 뜻의 8000m 급 높은 설산이 있다. 그 산의 아름다움은 말로 표현할 수가 없다. 바라보기만 해도 영원한 마음의 평온과 행복을 느끼는 신비의 마력을 가지고 있다. 그런데 훈자 왕국에는 카라코람 산맥 속에 빛나는 산들이 병풍처럼 둘러서 있다. 특히 인간의 접근을 최근까지도 거부하였던 절벽의 산 라카포시(Rakaposhi)가 소설 속의 카라칼일 수도 있을 것이다.

TV에서 본 훈자 왕국은 온 마을이 분홍색의 살구꽃으로 덮여 있었다. 저곳이 도연명이 찾던 무릉도원이구나 싶을 정도로 아름다웠다. 그 아래에는 인더스 강 상류의 훈자 강이 폭포처럼 흐르고 있다. 계단식 농지에는 푸르름이 가득하다. 시간이 정지된 것을 느낀다. 거기에는 평화만이 흐르고 있었다.

훈자 마을에는 옛 왕궁이 지금도 남아 있다. 왕의 후손이 있지만 마을 지도자로 존경받고 있다. 소설 속에도 라마 사원의 지도자가 나온다. 사원의 대승정은 유럽의 룩셈부르크 왕국 출신의 가톨릭 신부였다. 문제는 소설의 주인공이 그를 만났을 때 그의 나이가 250세였다는 것이다. 샹그릴라의 사람들은 그처럼 장수한다는 것이다. 훈자 마을 사람들도 80세는 청년에 속하고 100세 넘은 노인들도 많다고 알려져 있다. 그 이유는 첫째, 환경이 깨끗하다는 것이고 둘째, 살구 열매가 장수식품이라는 것이다. 훈자 사람들은 살구를 그대로 먹기도 하지만 말려서 겨울에 식품으로 활용하기도 하고 그 씨를 가루로 만들어 차의 재료로 사용한다고 한다. 살구가 장수식품이라는 말이다.

훈자 마을로 가는 길을 지도로 따라가 보았다. 파키스탄과 중국의 접경지역인 카슈미르 지역이므로 파키스탄에서 북쪽으로 올라갈 수도 있지만 그 지역은 치안이 불안정하므로 중국 쪽에서 찾아가 보기로 한다. TV 다큐멘터리도 중국에서 출발하고 있다.

중국의 서쪽 끝이 신상성이다. 신강성의 원주민은 터키계의 위구르 족이고, 중국인과 달리 서양인과 닮은 민족인데 그 중심 도시가 카시카르[喀什]이다. 카시카르에서 파키스탄으로 넘어가는 카라코람 하이웨이(Karakoram Highway)가 있다. 카라코람은 히말라야 산맥, 곤륜 산맥, 힌두쿠시 산맥의 3대 산맥이 만나는 고산지대를 말한다. 파키스탄, 인도, 중국의 국경지대다. 하이웨이는 고속도로가 아니고 가장 높은 길이라는 뜻이다. 이 세상에서 가장 높고 가장 위험하고 가장 아름다운 길이라고 한다. 당나라 현장 스님과 신라의 혜초 스님도 그 옛날 이 길을 통해 인도의 천축국을 다녀왔다는 기록이 있다. 1900년대에 10여 년에 걸친 대공사 끝에 이 위험한 길을 아스팔트로 포장했는데 지금도 산사태의 위험을 항상 각오해야 한다.

중국에서 파키스탄으로 카라코람 산맥의 쿤자랍 고개(Khunjerab Pass)를 넘어가면 하늘 아래 첫 동네로 만나는 곳이 바로 훈자 마을이다. 요사이는 하이웨이를 통해 많은 관광객들이 모인다고 하는데 『잃어버린 지평선』이 발간될 때만 해도 전문 등산객이나 직업 군인들 이외에는 접근하기 어려운 은둔의 마을이었다. 아름다운 은둔의 마을, 주민들이 장수하는 이곳 훈자야말로 우리가 상상하는 유토피아, 샹그릴라가 아니겠는가?

그런데 20여 년 전 〈내셔널 지오그래픽〉이라는 미국 잡지에 서글픈 장면이 보도되었다. 아름다운 은둔의 땅, 장수마을에 비디오 샵이 들어서고 병원이 문을 열었다는 것이다. 문명이라는 병이 샹그릴라를 덮쳐 버린 것이다. 교통이 편리해진 최근에는 방문객, 여행객이 급증하여 민박형 호텔도 많이 생겼다고 하니 옛날의 훈자 왕국의 모습은 찾아보기 힘들 것 같다. 우리는 마지막 샹그릴라도 없애 버린 것이다.

소설 속의 샹그릴라는 물론 가상의 세계다. 작가가 모델로 삼았던 깊은 산속의 아름다운 마을 훈자 계곡도 이제는 더 이상 샹그릴라가 아니다.

소설 속의 주인공인 콘웨이라는 영국 외교관은 샹그릴라에 납치되었다가 탈출한 후 다시 그곳을 찾아갔으나 그를 만난 사람은 아무도 없다. 소설 속의 주인공과 같이 샹그릴라도 신기루처럼 날아가 버린 것일까?

결국 샹그릴라는 우리들 마음 속에 있는 것이라고 위안할 수밖에 없다. 샹그릴라를 찾아서 우리는 끝없는 여행을 계속할 수밖에 없는 것이다.

아름다운 평화의 나라 샹그릴라는 어디에 있는가?

음악과 영혼

내가 음악에 관심을 갖게 된 것은 중학교 1학년 때부터이다. 그때는 오락이나 문화시설이라고는 라디오와 축음기밖에 없었다. 라디오는 중앙방송이 유일하였고 뉴스와 방송극, 만담, 소설 낭독 같은 것이 주된 내용이었는데, 늦은 밤에는 음악을 틀어주는 것으로 시간을 때우기도 했다.

우연한 기회에 밤 11시 클래식 음악 프로를 듣게 되었는데, 음악보다도 해설이 더 재미있어서 며칠간 연속해서 들었다. 그것이 바로 푸치니의 오페라 〈토스카〉였다. 젊은 혁명가와 아름다운 여가수, 그리고 경찰 간부와의 삼각관계 사랑이야기. 경찰 간부는 여가수의 칼에 찔려 죽고, 혁명가는 경찰의 총탄에 사살되고, 여가수는 성곽 위에서 뛰어내려 자결하고 마는 비극적 이야기. 그리고 특히 아름다운 몇 곡의 아리아가 극히 인상적이었다. 축음기 판으로 나온 오페라 아리아 모음곡을 사다가 몇 번이고 다시 들었다. 그리고 오페라 마지막 부분에서 테너가 부르는 아리아 〈별은 빛나건만〉을 따라 불렀다.

그러던 중 학교 특별활동 시간에 장기자랑을 할 기회가 있어서 오페라 토스카를 해설하였다. 선풍적인 인기를 끌었다. 어깨도 으쓱해져 더욱 재미가 붙었다. 그때부터 오페라 여행이 시작된 것이다. 오페라에 관한 책을 독서하고, 당시 유행하던 레코드 LP판을 구해 여러 아리아 모음곡을 들었다. 푸치니를 넘어 로시니, 베르디, 비제, 마스카니까지 발전해 갔다. 미성가수인 테너 비욜링과 소프라노 테발디를 무척 좋아하였던 것으로 기억된다.

고등학교 1학년 때는 LP판을 구한다고 동대문 시장 레코드 상점을 모두 뒤지고 다니기도 했다. 싼값에 원판을 구할 수 있었기 때문이다. 한번 크게 성공한 적도 있는데 바그너의 〈방황하는 화란인〉 전곡을 구해 음악 애호 친구들에게 들려주고 엄청나게 자랑한 일도 있었다.

그런데 차츰 무엇인가 잘못되었다는 것을 느끼게 되었다. 나보다 앞서가던 음악 애호가 친구로부터 핀잔을 들었다. 음악 공부에도 순서가 있다는 것이었다. 음악은 교향곡의 웅장한 연주를 듣고 감동을 쌓은 후 바이올린을 들어야 하고 다시 피아노를 거친 후에야 성악을 이해할 수 있다는 것이다. 그리고 바이올린 곡 하나를 들려주었다. 사라사테의 〈지고이네르바이젠(집시의 달)〉이었다.

나는 큰 충격을 받았다. 오페라의 아름다움에만 빠져 있던 나는 영혼을 빼 갈 것 같은 바이올린의 기막힌 연주에 넋을 잃고 만 것이다. 유명한 하이페츠(Heifetz)의 연주였다.

그 후부터는 다시 바흐, 헨델, 모차르트, 베토벤, 슈베르트, 멘델스존, 차이콥스키의 기악곡에 매달렸다.

그러는 사이에 근대 음악의 시조로 추앙받는 바흐와 헨델의 만날 수 없는 우정, 헨델의 오라토리오 메시아와 하이든에 얽힌 사연, 모차르트의 불행한 천재성, 베토벤의 위대한 일생, 슈베르트의 들꽃 같은 생애, 멘델스존의 화려하고 짧은 일생, 차이콥스키의 철학적 우수의 음악성 등 음악가들의 숨겨진 인간적 모습과도 만나게 되어 더욱 음악에 빠져들게 되었다.

그러나 음악을 집에서만 듣기에는 무리가 있었다. 그때 한참 유행했던 것이 음악 감상실이었다. 고등학생 시절부터 사복을 입고 몰래 출입하였고 대학 1학년 때에는 그곳에서 살다시피 하였다. 종로 1가 당시 신신백화점 옆에 "르네상스"라는 음악 감상실이 있었는데 주로 그곳을 이용하였다. 우리나라에서 클래식 LP판을 가장 많이 소장하고 있다는 곳이었다.

기억에 남는 것은 당시 르네상스에 외눈의 사나이라고 불리는 대학생이 자주 왔다. 한 눈을 실명한 장애인인데 음대에 다니다는 소문이 있었다. 그는 베토벤 곡만 나오면 일어서서 지휘연습을 하는데 그렇게 잘 할 수가 없었다. 나도 친구에게 뉴욕 필하모닉오케스트라의 지휘자가 되는 것이 내 꿈이라고 농담할 정도로 그 멋에 반할 정도였다. 그가 지금은 유명한 음악인이 되었는지 궁금하다.

그렇게 대학 2학년 1학기까지 음악에 푹 빠져 지냈다. 당시 나는 아내와 열애 중이었는데 같이 르네상스에서 멘델스존의 아름다운 선율을 들으며 애정이 더욱 깊어졌는지 모른다.

그러나 나의 음악 인생은 거기에서 멈추게 되었다. 나의 본래의 진로인 사법고시를 준비할 때가 되었던 것이다.

자주 산사에 들어가 공부하는 바람에 음악을 들을 기회가 없어졌고 음악과 점점 멀어져 갔다. 사법고시 합격 후에는 시간적 여유가 있었지만, 다시 르네상스에 출입하기에는 나이가 너무 들었고 더구나 여유시간을 활용할 새로운 취미가 생겼다. 옛날 법조 선배들이 즐겼던 음주문화에 나도 빠져버린 것이다. 그렇게 하여 나와 음악과의 애정관계는 더 이상 지속되지 못하고 아쉽게 끝나 버렸다.

성공하지 못한 짧은 취미생활을 길게 소개하는 이유는 아직도 음악을 짝사랑하고 있기 때문이다.

"음악은 영혼을 깨끗하게 해 준다." 종교 음악가이기도 했던 바흐의 말일 것이다.

음악은 태교에도 필요하고 병자의 치료에도 활용되고 슬픈 사람을 위로하고 기쁨을 배가시키며 역경을 이겨낼 수 있는 힘을 주기도 하는 만병통치약이다.

음악은 창조주 하느님을 찬양하고 영광을 노래하며 자비를 구하는 천상의 소리로 인간과 신의 연결고리 역할을 하는 신의 위대한 창조물임에 틀림없다.

그래서 음악과 멀어진 지금도 나는 음악에 대해 아쉽고 후회가 되는 몇 가지 경험을 잊지 못한다.

첫 번째는 공무원 임용시 면접시험을 볼 때의 일이다. 그 당시에는 임용은 이미 결정되어 있고 형식적으로 면접을 보던 시대였다. 면접관과의 문답이었다. "취미가 무엇인가?" "음악 감상입니다" "그러면 다룰 줄 아는 악기가 있나" "없습니다" "심포니가 무엇인지는 아는가" "교향곡입니다" "요즘 젊은이들은 낭만이 없어. 어떻게 검사생활을 할지 걱정이네."

면접 후 그 면접관이 피아노를 잘 치는 선배라는 것을 알았다. 약이 올랐다. "좋다. 나도 당신 나이쯤 되면 악기 하나 다룰 줄 아는 면접관이 되리라. 두고 보자"고 결심했다. 그러나 작심삼일. 나는 그 결심을 실행하지 못하고 청춘을 넘겨버린 것이다. 요사이는 바이올린이나 피아노, 색소폰, 대금 등 각종 악기를 연주하는 후배들이 많다. 그들을 볼 때마다 부끄럽기도 하고 부럽기도 하다.

두 번째는 90년대 말 무렵 유럽여행 때의 일이다. 여러 친구 부부들과 함께 유럽여행을 하던 중 체코의 프라하에 들어갔다. 그때 우리는 프라하를 두 번째 여행이었으므로 관광에는 별 관심이 없었고 시내에서 쇼핑이나 하는 한가한 시간이었다. 번잡한 시내에서 어떤 사람이 다가오더니 오페라 관람권을 싼값에 사라는 것이다.

모차르트의 〈돈 조반니〉였다. 모차르트는 프라하를 무척 좋아하였다고 한다. 〈돈 조반니〉도 프라하에서 초연할 정도로 인연이 깊은 곳이다. 바로 그 프라하에서 예약도 없이 모차르트의 오페라를 볼 수 있다니 큰 횡재가 아닌가? 친구들에게 매표하자고 강력히 주장하였다.

그런데 한 친구가 반대하며 반대 이유를 말했다. "모차르트가 술만 먹고 부인에게 생활비를 주지 않으니 부인이 '돈 줘 받니' 하고 부부싸움 하는 것인데 우리가 그걸 봐서 뭘하나." 우스갯소리를 하니 다른 친구들도 전부 반대의견에 동조하는 것이었다. 나는 지금도 그 기회를 놓친 것이 무척 아쉽고 다시 한 번 가고 싶은 충동을 느끼기도 한다.

세 번째는 바그너의 오페라 〈니벨룽의 반지〉를 관람하려다가 중도 포기한 일이다.

2005년도 가을 러시아의 마린스키 극장 소속 오페라단이 서울 세종문화회관에서 〈니벨룽의 반지〉 4부작을 공연하게 되었다. 입장료가 엄청나게 비쌌는데 고마운 후배의 호의로 전회 관람용 초대권 2매를 얻었다. 제1부작을 큰아들과 같이 관람했다. 아시아 초연이라서 그런지 일본 관람객도 많았고 서양인들도 많이 보였다. 전석이 만석이었다. 2시간 30분의 공연이 끝나고 나오면서 아들이 나에게 하는 말이 "아버지 앞으로 고생 좀 하시겠네요"였다.

이틀 후 제2부작을 아내와 같이 관람했다. 중간에 인터미션이 있었지만 5시간가량 관람했다. 공연이 끝나자 나도 그렇지만 아내가 초죽음이 되어 있었다. 너무 지루했던 것이다. 우선 무대장치가 거의 없었다. 극 중의 거인을 뜻하는 큰 기둥 2개를 세웠다 눕혔다 하는 것이 전부다. 합창도 거의 없고 가수 2인이 서로 문답을 계속하는 것이다. 물론 그 대사는 앞 의자 뒤편에 붙어 있는 화면에 한글로 번역되어 나오긴 하지만 그 내용 자체가 거의 철학적이고 신학적인 내용이어서 일반인들은 이해하기 힘들고 머리만 아플 뿐이었다. 5시간을 참는 것만도 대단한 체력이 필요했던 것이다. 앞으로 남은 3, 4부작은 10시간 이상 소요될 터인데 아무도 동행해 줄 사람이 없었다. 나 자신도 더 이상 관람을 계속하다가는 몸살이라도 날 징후가 느껴졌다. 아무리 생각해 봐도 자신이 없었다.

너무나 미안했지만 고마운 후배에게 3, 4부 관람권을 반환하고 말았다. 지금 와서 생각하면 나의 바그너에 대한 이해가 너무나 부족했던 탓이었다. 바로 그 단조롭고 검소하고 종교적이고 지루함이 바그너 음악의 특징이고 독일인들은 그런 바그너에 열광하는 것이다.

지금도 독일의 바이로이트 시에 있는 바그너 전용극장에서는 바그너의 오페라를 보기 위해 1년 전부터 예약이 쇄도하고 있다고 한다.

독일 남부 휘센 근처에 바이에른 왕 루트비히 2세가 별궁으로 건축한 지구상에서 가장 아름답다는 '백조의 성'이 있다. 왕이 당시 그 성 안에 바그너의 오페라 상영을 위한 특별무대를 설치해 놓았다고 하는데, 나도 직접 확인하고 감동을 받은 일이 있었다.

독일인들의 바그너 사랑은 상상을 초월하는 것이다. 사생활이 문란하고 반유대주의자라는 비난을 받기도 하지만, 바그너는 베토벤 이후 가장 위대한 독일 음악가임에는 틀림없을 것 같다.

인내하며 〈니벨룽의 반지〉 4부작을 끝까지 관람하지 못한 나의 경솔함이 지금도 몹시 후회된다.

나의 음악과의 동행은 여기까지다.

그러나 지금도 시간이 나면 가끔 멘델스존과 슈베르트를 듣고 안식을 취하기도 한다. 그때마다 음악은 영혼을 깨끗하게 한다는 바흐의 말을 재삼 마음속에 되새기게 된다.

미술 감상방법

나는 어릴 적부터 미치(美痴)에 속한다. 아름다움을 모른다는 것이 아니고 미술에 약하다는 뜻이다.

중학교 미술시간에 자기 신발을 그리는 수업이 있었다. 나도 신발을 책상 위에 놓고 열심히 그렸다. 그런데 미술 선생님이 내 옆에서 보고 한 말씀하셨다.

"너는 신발을 그리지 않고, 배를 그리고 있구나."

이후 나는 그림을 그리지 않았고 미술 점수는 잘 받아본 기억이 없다. 그림을 그리지 않으니 보기도 싫어졌다. 그렇게 나는 미술과 담을 쌓게 된 것이다.

그 후 공직생활 중 지방근무를 할 때 우연히 동양화를 볼 기회가 많았다. 지방 유지들이 자기의 소장품을 자랑하는 경우도 있고 전문 화상들이 사무실로 찾아와 매입을 권유하기도 하였다.

나는 별 흥미가 없어서 그런 자리에 참여하지도 않았다. 그런데 어느 날 동료가 화조 그림 한 장을 보면서 나에게 설명하는 것이었다.

"참새 아홉 마리가 앉아 있는데, 그 모습을 보면 표정이 전부 다르네. 얼마나 재미있는가."

그림에는 아름다움만 있는 것이 아니라 그 속에 숨어 있는 내면적 정신적 표현이 더 재미있다는 것이다.

그때부터 나도 미술 감상법을 하나하나 배우기 시작하였고 선과 여백미, 상징적 아름다움, 자연에 대한 주관적 해석 등 동양화의 특색을 알게 되니 점점 재미가 느껴졌다.

그로부터 얼마 후에 서양화도 직접 볼 기회가 생기게 되었다. 유럽 출장 중에 박물관, 미술관을 구경하게 된 것이다.

서양미술을 접하게 된 후 나는 세 번에 걸쳐 큰 감동을 받은 추억이 있다.

파리의 루브르 박물관에서는 레오나르도 다빈치의 〈모나리자〉 이외에는 별로 기억에 남는 것이 없다. 무식한 탓이다.

그런데 로마의 바티칸 성당에서 본 미켈란젤로(Michelangelo, 1475-1564년)의 작품은 무식한 나에게도 엄청난 감동을 주었다. 베드로 대성당 입구에 들어서자 오른쪽 경당에 미켈란젤로의

〈피에타(Pieta, 성모마리아가 십자가에서 내려진 예수를 안고 있는 모습)〉를 볼 수 있다. 그가 24세 때 조각한 작품이다. 비탄과 분노, 좌절과 절망의 처참한 순간을 어떻게 저렇게 아름답게 표현할 수 있을까? 거기에는 종교적 경건성보다는 진선미를 추구하는 인간의 치열한 열정이 속속들이 배어 있는 진정한 인간의 모습이 살아있었다. 신앙을 미적으로 표현한 것이었다.

대성당 내부에는 유명한 베르니니(Bernini, 1598~1680년)의 작품들이 있었지만 혼미해진 나의 눈에는 잘 보이지 않았다.

대성당 옆에는 시스티나 예배당이 있다. 카톨릭 추기경들이 교황을 선출하는 전통의 산실이다.

너무나도 유명한 시스티나 예배당의 천장화가 있다. 천장 중앙에 구약성경 창세기의 설화를 아홉 개의 장면으로 그려 놓았다. 〈천지창조〉 중에서 술 취한 노아에 이르기까지 성화들이 줄지어 있다. 가장 유명한 '아담의 창조' 장면에서 눈을 돌릴 수가 없다.

흙으로 빚어진 아담의 육체에 신이 영혼을 불어넣는 장면이었다. 미켈란젤로는 하늘에 계신 하느님께 영광을 드렸다. 구름 위에서 천사들에 둘러싸인 하느님은 아직 창조되지 않은 하와를 뒤에 숨기고 있다. 그런데 아담은 최초의 인간으로서 비록 땅에 있지만 창조주 하느님과 맞대면하고 있다. 인간의 당당한 모습이 그려져 있는 것이다. 르네상스의 진수가 거기에 있었다.

예배당 앞 제단 위 벽면에 그려진 〈최후의 심판〉은 설명할 필요가 없을 정도의 명화이다. 격노한 신 앞에서 자비를 빌고 있는 인간 군상들. 사도 바솔로뮤가 가죽 벗겨 죽는 자신의 순교 시체를 들고 있는 장면, 그 가죽의 얼굴이 미켈란젤로 자신의 얼굴이었다는 숨겨진 사실, 밑바닥을 구성하고 있는 지옥의 사신 카론의 광포한 모습, 종교화가 이보다 더 이상 발전할 수 있을까?

대성당을 떠나면서 웅장한 성당의 모습을 다시 돌아보게 된다. 베드로 대성당의 설계 특히 대형 돔의 기본설계는 미켈란젤로의 작품이었다고 한다. 비록 완공을 보지는 못했지만 대성당의 건축은 미켈란젤로를 떠나서는 생각할 수 없을 것이다.

레오나르도 다빈치, 라파엘로와 함께 르네상스 3대 거장인 미켈란젤로는 조각가, 화가, 건축가로서 인류사에 위대한 유산을 남긴 천재였다. 그는 인간의 고뇌, 사회에 대한 분노, 신의 영광을 미적으로 조화시킨 위대한 예술가였던 것이다. 그는 "나의 천재성은 축복이자 저주였다"고 회고하면서 90세의 인생을 마감하였다. 신이 주신 보배를 오늘도 그의 작품을 통해 만나볼 수 있다는 것은 얼마나 큰 축복인가?

그로부터 수십 년이 지난 후 스페인의 바르셀로나를 여행하였다. 콜럼버스의 동상도 있었고 20세기 최대의 건축가라는 안

토니 가우디의 성가족 성당 건축현장도 감명깊게 보았다. 일행을 따라 피카소 미술관에 들어갔다. 별 기대도 하지 않았다. 추상화에 대해서는 지식도 없고 내 취향에도 맞지 않았기 때문이다. 그런데 피카소(Pablo Picasso, 1881-1973년)가 16세 소년기에 스페인 국전에서 특선한 작품이 전시되어 있었다.

의사가 침대에 누워있는 환자를 치료하는 장면이었다. 너무나 놀라 정신이 번쩍 들었다. 극 사실화였던 것이다. 그림의 제목은 〈과학과 자선〉이었다. 어디에서 보아도 똑같이 보이는 원근법이 거기에 있었다. 바티칸의 라파엘로와 동격이라고 생각했다는 피카소의 진면목이 눈앞에 보이는 것이다.

그 피카소가 어떻게 입체파 화가로 변신하는가? 그 미술관에서 자세한 설명문을 보고 피카소를 이해할 수 있었다는 것이 소중한 경험이었다.

피카소는 중세 스페인의 궁정화가였던 벨라스케스(Velázquez, 1599-1660년)를 좋아하였다. 특히 그의 걸작인 〈시녀들〉을 무척 좋아했다고 한다. 공주를 중심으로 한 궁녀들의 그림이다.

피카소는 그 그림을 인수분해하였다. 조각조각으로 나누어 그 부분을 확대해서 그렸다. 인수분해할수록 그림은 점점 사실을 떠나 추상적으로 변해가는 것이었다. 자기마음대로 변화를 시도한 것이다. 시공간을 겹치게 만들었다. 그 결과 불후의 명작이라는 〈게르니카〉를 생산한 것이다. 미술관을 나서는 순간

현기증이 났다. 천재의 생애는 이런 것인가?

미술관 앞에 화랑이 있었다. 피카소는 3만 점 이상의 작품을 남겼다고 한다. 그가 젊음을 보낸 바르셀로나의 음식점이나 이발소에는 그의 그림이 많이 걸려 있는 것을 볼 수 있다. 화랑에서 피카소의 판화 1점을 구입하였다. 지금도 내 서재에 걸어놓았는데, 내가 피카소의 그림을 가지고 있다는 사실을 아무도 믿지 않는다. 금송아지가 있다고 자랑하는 정도로 이해하는 듯하다. 우리 아이들에게 피카소 그림을 주겠다고 해도 모두 사양하고 있다. 나 혼자 즐기고 있으니 이 또한 축복인가?

세 번째로 접한 서양미술의 감동은 노르웨이 오슬로에 있는 비겔란 조각공원(Vigeland Park)이다. 노르웨이는 원조 바이킹들의 국가이지만 덴마크와 스웨덴의 장기통치를 받아왔다. 그 때문인지 예술가들도 애국심이 강하다. 소설가 입센, 음악가 그리그, 화가 뭉크 그리고 조각가 비겔란도 국가에 대한 특별한 애착심이 있었다. 비겔란은 40여 년 간에 걸친 조각품 200여 점을 모두 국가에 헌납하고 유명한 비겔란 조각공원을 남긴 것이다.

비겔란(Gustav Vigeland, 1869-1943년)은 요람에서 무덤까지 인간의 희로애락을 조각으로 표현하였고, 공원 마지막에는 121명의 인간군상이 뒤엉켜 정상을 향해 뛰어오르려고 하는 인간의 원초적 욕망을 처절하게 표현한 인간 탑이 세워져 있다.

이상한 것은 그 조각 작품들을 보면서 내가 제3세계에 와서 인간이라는 생물의 욕망과 투쟁, 좌절과 희망을 객관적 입장에서 바라보는 것 같은 착각을 느끼게 되었다는 것이었다. 탄생의 숙명, 분노와 투쟁 속에 살아가는 인생, 그러나 저 높은 곳을 향해 올라가고 싶은 회귀의 본능이 살아 움직이고 있었다. 그런 명장면들을 보면서 역동적으로 살아가는 인간의 삶이 하늘까지 뻗어있는 구원의 희망과 연결코자 하는 인간의 원초적 욕망임을 가슴으로 느낄 수 있는 것 같았다. 미켈란젤로와는 또 다른 감동을 주는 비겔란을 보았던 것이다.

서양화를 보면서 느낀 것은 서양화의 특색이라는 객관적 사실과 색채의 중요성은 물론이지만 작가가 살았던 그 시대의 배경이 작품 속에 그대로 배어 있다는 것이었다.

미켈란젤로는 당시 교황의 막강한 권한의 뒷받침을 받아 영원한 인류유산을 창조하였고, 피카소는 나치독일에 대한 사회주의자로서의 극도의 적개심으로 불후의 명작을 만들어 냈으며, 비겔란의 애국심이 아니면 세계적 조각공원이 탄생하지 못했을 것이다.

그런 의미에서 중세의 로마네스크와 고딕문화, 15세기의 르네상스의 대변혁, 16세기의 바로크와 로코코문화, 18세기 낭만주의, 인상주의, 현실주의, 현대의 입체주의, 초현실주의, 추상주의에 이르는 미술사의 역사적 배경을 이해하고 서양화를 감상해야 그 진가를 찾을 수 있다고 생각한다. 미술감상도 공부가 필요하다는 얘기다.

마지막으로 꼭 소개하고 싶은 미술관이 있다.

일본 시코쿠의 도쿠시마 현 나루토 시에 있는 오츠카[大塚] 국제미술관이다. 25개국의 190여 미술관에 있는 대표적 서양화 1,074점을 선택하여 그림을 입혀 구운 도자기 그림, 도판명화가 전시되어 있다.

바티칸의 시스티나 성당의 천장화가 실물크기로 재현되어 있고 레오나르도 다빈치의 〈최후의 만찬〉은 복원 전과 복원 후의 그림을 마주보게 전시하고 있다. 시대별로 유명한 작품들을 실물크기로 한 곳에서 보면 세계 미술사가 정리된다고 한다. 도판화이므로 환경오염이나, 지진, 화재에도 훼손되지 않고 2000년 이상 원색을 유지할 수 있다는 것이다.

고베 남쪽에 있는 아와지 섬에 관광차 갔다가 우연히 이 미술관을 관람하는 행운을 얻게 되었다. 오츠카 제약회사에서 건립한 미술관인데 세계 문화재의 기록보존에 크게 공헌하고 있다고 하며 저작권료만 1년에 1,000억 원 이상 지불하고 있다고 한다. 이 미술관은 세계적인 도자기 제조기술을 자랑하는 곳이기도 하지만 특이한 것은 학생들이 전 세계의 주요 미술작품을 싼 값에 감상할 수 있어서 미술에 대한 흥미를 갖게 하고, 외국에 있는 원화도 직접 보고 싶다는 충동을 일으키게 하는 교육목적이 있다는 것이다.

기업의 사회봉사, 이익환원의 본보기를 보는 것 같아 무척 부러우면서 씁쓸한 기분이었다. 그러나 세계 명화들이 이렇게 보존되고 있다는 것은 진심으로 축하할 일이다. 일본 여행객들에게 일람을 권하고 싶다.

서예와 인생

나는 평생 이렇다 할 취미생활을 갖지 못했다. 무슨 서류작성 때 취미 난이 있으면 등산이라고 기재했지만 북한산, 청계산 이외에는 가본 곳이 없고 그것도 수십 년 전 얘기다.

그런데 나이가 들수록 취미생활이 필요하다는 생각이 들었고 막연히 기회가 있겠지 하고 기다려 왔다.

나의 선친께서는 붓글씨를 잘 쓰셨다. 평생의 공무원 생활에서 은퇴하신 후 무료해 하시기에 지필묵을 준비해 제사용 병풍 하나를 만들어 달라고 부탁드렸더니 하루 만에 표구하라고 내주셨다. 사실은 몇 달간 연습하시면서 소일하시라는 의도였는데 의도가 빗나간 것이었다. 선친이 작고하신 후 선친 제사 때 지금도 이 병풍을 쓴다.

나이가 들고 시간이 남게 되자 취미생활에 대한 욕구가 강하게 밀려왔고 나도 내 제사 때 사용할 수 있는 병풍 하나는 남겨야 되겠다는 생각이 들었다. 이미 서예가에 이름을 날리고 있는 선배의 소개로 예술의전당 서예아카데미에 등록한 것이 2011년도 가을학기이다. 전서, 예서, 해서를 거쳐 현재 행서를 쓰고 있는데 왕희지(王羲之, 307-365년)의 〈난정서(蘭亭序)〉가 교과서이다. 교수님 말씀은 난정서를 100번을 써야 행서가 무엇인지 알게 된다고 하는데 몇 번이나 쓸 수 있을지 모르겠다.

중국 서법(書法)의 최고봉은 동진시대의 왕희지이고, 당시대의 구양순(歐陽詢)을 거쳐 안진경(顔眞卿)에 이르러 완성되었다고 본다.

우리나라의 서예가로는 김생, 한석봉 등이 있으나 추사 김정희(金正喜, 1786-1856년)가 단연 으뜸이다. 김정희는 조선 후기 세력가의 자손으로 태어나 서예가, 화가, 금석학자, 실학자로 명성을 날렸고, 벼슬이 이조참판에 이르렀으나 제주도와 함경도 북청으로 두 번에 걸쳐 10여 년 간의 유배생활을 하는 불행을 겪기도 한다.

김정희는 추사체라는 독특한 서체를 만들어 낸 대서예가로 그의 생애나 업적에 대해서는 널리 알려진 바 있으므로 그에 대해 더 이상 언급할 필요가 없을 것이다. 여기에서 얘기하고 싶은 것은 김정희가 요괴의 글씨라고 평가하였던 이광사에 관한 것이다.

원교 이광사(圓嶠 李匡師, 1705-1777년)는 추사보다 약 80여 년 먼저 태어난 조선 후기의 서예가다. 왕족의 후손이고 판서의 아들로 태어났으나 당쟁으로 인해 벼슬을 하지 못하고 23년간 유배생활을 하다가 유배지에서 죽었다. 학문과 서예에 능하여 원교체라는 독특한 서체를 만들어 후대에 많은 영향을 끼친 비운의 서예가이다. 원교체는 중국에 없었던 개성이 넘치는 조선의 향토색 짙은 글씨로 동국진체(東國眞體)라고 불린다.

그런데 추사 김정희는 이광사의 글씨를 촌스럽고 자형이 가중스러우며 속기에서 벗어나지 못하였다고 평하였다. 전남 대흥사의 대웅전에 얽힌 이야기는 너무나도 유명하다.

추사가 제주도로 유배가는 길에 전남 해남의 대흥사에 들렀을 때 대웅전 앞에 걸려있는 "大雄寶殿"이라는 현판을 보았다. "조선의 글씨를 모두 망쳐 놓았구나. 이 대사찰에 이런 현판을 걸어 놓을 수 있는가" 하고 호통을 쳐서 현판을 떼어 놓았다. 이광사의 글씨였던 것이다. 8년 후 유배에서 풀린 추사가 서울로 올라가다가 다시 대흥사에 들렀다. "원교의 대웅보전 현판이 어디에 있는가. 있다면 다시 달아라. 내가 잘못 보았다." 오랜 세월이 지난 후 추사는 자신의 잘못을 깨달은 것이었다. 더욱 성숙해진 위인의 모습이 아니겠는가?

따지고 보면 추사나 원교 모두 명문가의 자손으로 태어났고 천부적 재질을 발휘하여 후대에 뛰어난 문화유산을 남겨준 위인들임에는 다름이 없다. 그런데 왜 추사는 일찍부터 그 능력을 인정받아 명성을 누려왔음에도 원교는 요괴라는 소리를 들어가며 홀대를 받았을까? 물론 조선 후기 당쟁에서 노론이 우세하여 노론파인 추사가문은 득세하고, 소론파인 원교가문은 역적으로 몰려 벼슬길에 오르지 못한 것도 큰 이유일 것이다.

그런데 더 큰 이유는 추사는 유학파인 반면, 원교는 순수 토종이었다는 사실이었다.

추사는 24세 때에 청나라 사신으로 간 부친을 따라 청나라에 들어가 연경의 대학자이며 서예가인 옹방강, 완원 등을 만나 교류함으로써 국제적인 안목을 키워 우리나라 금석학의 대가가 되었으며 서화에 뛰어난 업적을 남기게 된다.

반면 원교는 평생 역적으로 몰려 모진 국문을 당하고 장기간의 유배생활은 물론 가족 전부가 생사의 기로에서 헤매는 처참한 환경 속에서 불행한 일생을 보내며 자신만의 독특한 학문과 서예체계를 이루어 후대 사람들의 추앙을 받게 된 것이다.

유학파와 순수 토종파의 차이는 옛날이나 지금이나 마찬가지인가? 어쨌든 추사가 늦게나마 원교에 대한 천시와 폄하를 거두고 그의 능력을 인정함으로써 두 서체 모두 우리나라 서예 발전에 기여하게 된 것은 다행스러운 일이라고 하겠다.

사적으로 나는 추사 김정희와 원교 이광사를 모두 직접 체험할 수 있는 영광스러운 기회가 있었다. 추사 김정희의 글씨는 두 번 보았는데 한번은 전남 순천에서 그곳 유지가 소장하고 있는 8폭 병풍을 보았고, 두 번째는 제주 명문가에서 소장하고 있는 8폭 병풍이었다.

순천 작품은 소장자가 오래 전에 전남 구례 전통 권번에서 고액을 주고 구입한 것이라고 하는데 문외한이 보아도 글씨가 정말 살아 움직이는 것 같아 놀랍고도 신기하였다. 이래서 추사로구나 하는 깊은 감동을 받았는데, 어떻게든 소장하고 싶은 본능적 욕구가 일어나기도 하였다. 전문가의 감정을 받아 보았느냐고 물으니 소장자의 답변이 걸작이다. 감정료도 비싸지만 만일 위작이라는 감정이 나오면 차마 뒷감당을 할 자신이 없어서 감정을 미루고 있다는 것이다. 그 절절한 심정을 이해할 수 있을 것 같았다.

제주 작품은 선대로부터 물려받은 가보라고 하는데, 두 번째 체험이라서 그런지 첫 번째보다는 감동이 덜하였다. 그런데 그 작품에는 뒷부분에 "奉見, 素筌"이라고 기재되어 있고 낙관이 찍혀 있었다. 현대 서예계의 대가 소전 선생께서 진품으로 감정하신 것이다. 우문이지만 작품의 예상가격을 물으니 값이 없다고 한다. 당연한 일이라고 생각되었다. 내가 서예를 시작하기 전의 경험이라 문장 내용은 기억나지 않으나 지금 다시 본다면 그 때의 몇십 배의 감동을 느낄 것 같은 기분이다.

30-40년이 지났지만 지금도 두 작품 모두 건재하기를 기원하는 마음 간절하다.

원교 이광사의 글씨는 전남 구례에 있는 천은사(泉隱寺)에서 보았다. 천은사는 유명한 화엄사 인근에 있는 작은 절인데 화엄사의 명성에 가려 잘 알려지지 않았다. 나는 천은사를 무척 좋아하였다. 젊은 시절 지방근무 때 천은사를 자주 찾아갔다.

지리산 자락이라 그런지 사계절 모두 주변 경관이 아름다운데 특히 눈이 많이 온 겨울풍경이 기막히다. 절 입구의 일주문에서 주법당인 극락보전에 이르는 경사진 길에 흰 눈이 쌓이면 그 정취는 선경이 따로 없을 정도로 무척이나 아름다웠다. 그 일주문에 걸려있는 "地異山 泉隱寺"라는 현판이 바로 원교 이광사의 글씨다. 그러나 당시 나는 그 현판이 유명한 사람의 글씨라는 정도로만 알고 있었고 작자 이름이나 작품에 얽힌 설화 내용은 알지 못했다.

사실 내가 천은사를 좋아한 이유는 그곳의 아름다운 경치와 산사의 맑은 기운을 만나기 위한 것이기도 했지만, 또 다른 이유는 주지 스님이 보관하고 있던 "불감(佛龕, 휴대용 법당)"을 보는 즐거움도 있었다. 주지 스님의 설명에 의하면 천은사 주지로 부임하여 창고를 정리하다가 고려시대 나옹 스님이 가지고 다니던 휴대용 청동 법당을 발견하였다는 것이다. 옛날의 큰스님들은 장거리 여행을 할 때 청동으로 대웅전과 똑같이 조각한 소형 법당을 가지고 다니며 아무 곳에서나 예불을 드렸다고 한다. 실제로 소형 법당의 문을 열면 그 안에 대웅전과 똑같은 형태의 부처님이 조각되어 있었다.

그런데 이상하게도 그 조각 모양을 보고 있으면 시간가는 줄 모를 정도로 재미있기도 하고 또한 마음이 편안해지는 것이었다. 내가 보기에는 국보급 문화재였다.

주지 스님은 특별한 사람에게만 보여준다고 무척 자랑하였는데 그 후 소문을 들으니 보관이 어려워 화엄사 박물관으로 옮겼다고 한다.

나는 몇 년 전 서예를 시작한 후에야 천은산 일주문의 현판이 바로 원교 이광사의 작품이라는 것을 알게 되었고, 그 현판에 얽힌 재미있는 일화도 알게 되었다.

천은사는 신라 시대 창건 당시 경내에 이슬처럼 맑은 샘이 있어 감로사라 하였는데, 임진왜란 때 불타고 다시 중건할 때 샘가의 큰 구렁이를 잡아 죽였더니 샘이 숨어버리고 물이 솟지 않아 천은사라고 개명하였다고 한다. 그 후 원인 모를 화재가 끊이지 않아 원교 이광사가 물이 흐르는 듯한 필체로 화기를 다스린 '지리산 천은사'라고 쓴 현판을 걸었더니 화재가 나지 않았다는 것이다.

이광사를 알게 된 후 나는 수십 년 만에 다시 천은사를 찾아가 일주문의 현판을 바라보았다. 지리산 천은사라는 글체는 물

흐르는 것 같기도 하고 요괴의 글씨같이 보이기도 하였다. 300년 전 불행했던 천재의 산 모습을 바로 눈앞에서 보는 것 같아 나도 모르게 깊은 감회에 빠지는 것이었다.

옛날 서예대가들의 영욕의 일생과 같이 오늘 우리들의 인생도 고달프기는 마찬가지다. 그러나 그 고난 속에서도 인류사적 문화유산을 남기고 있는 위대한 서예가들의 일생을 다시 한 번 회고하면서 그들의 숭고한 영혼의 빛을 우리들 인생의 이정표로 삼았으면 한다.

예술이란 무엇일까?

스페인의 바르셀로나를 여행할 때 인근에 있는 살바도르 달리(Salvador Dali, 1904-1989년) 미술관에 갔다. 달리는 초현실주의 작가로서 프로이트의 정신분석학의 영향을 받아 환상과 무의식의 세계, 현실과 꿈이 뒤섞인 듯한 그림을 그렸다고 한다. 금세기의 가장 괴이하고 특이한 화가라는 것이다. 전시된 조각과 그림 모두 무식한 나로서는 이해할 수 없는 내용들이었다.

그런데 지금까지 잊혀지지 않는 작품이 하나 있다. 변기가 있고 그 옆에 옷걸이가 있는데 옷걸이에 검은 우산 하나를 걸어 놓은 것이다.

마침 일행 중 한 친구의 부인이 미술대학 교수인 화가이어서 내가 물었다. "저것도 예술입니까?" "그렇습니다." "저것이 어떻게 예술이 될 수 있습니까?" "예술이란 다른 사람들이 생각하지 못한 것을 창조하는 것이니까요." 나는 아무 말도 할 수 없었다.

예술이란 무엇일까?

고대 그리스의 플라톤은 그의 이원론 철학에 입각하여 예술은 모방이라고 하였다. 세계는 영원한 실재로서의 이데아계와 우리가 경험하며 살아가는 현상계로 나누어지는데 현상계는 이데아계를 모방한 것이고 예술은 현상계를 재모방한 것이라고 보았다. 따라서 예술은 진리를 내포하지 못한 허상으로서 무가치한 것이라고 하였다.

아리스토텔레스도 예술은 인간행동과 감정을 모방한 것이라고 한다. 그러나 그는 예술이 있는 그대로의 모방이 아니라 보편성, 필연성을 담지한 전형을 만드는 모방이므로 미학적 가치가 있다고 하였다. 감각적 개별자 안에도 본질이 내재하면 이를 간파하여 타인에게 깨달음을 주는 모방은 가치 있는 행위라는 것이다.

플라톤은 감각세계를 불신하므로 감각세계를 모방하는 것은 가치가 없다고 하는 반면, 아리스토텔레스는 감각세계도 실재를 함유하므로 삶의 본체를 찾아내려는 모방행위는 인간의 위대한 활동이라고 평가할 수 있게 된다.

톨스토이는 그의 저서 『예술이란 무엇인가』에서, "예술이란 사람이 자기가 경험한 감정을 타인에게 전할 목적으로 재차 이를 자기 속에 불러일으켜 일정한 외면적 부호로 이를 표현하고, 타인도 이 느낌에 감염되어 이를 경험하게 됨으로써 성립하는 인간의 작업"이라고 하였다.

예술은 미를 창출하는 것이고 미의 표현이다. 미(美)에는 절대적으로 완전한 객관적인 미와 개인적 이익을 갖지 않는 쾌락을 느끼는 주관적인 미가 있으나, 예술의 목적은 주관적 미이고 그 미는 거기에서 얻는 쾌락으로 인정되며 그 쾌락은 훌륭하고 중요한 것이다. 그러나 예술을 정확히 정의하기 위해서는 그것을 쾌락의 단순한 수단으로 보는 방식을 버리고 인간생활의 하나의 조건으로 검토해야 된다고 하였다.

예술의 사명은 종교적 통찰, 도덕적 자각을 촉진하는 것이고, 그것이 또한 예술의 기능이라는 점을 도외시해서는 안 된다는 것이다.

나아가 톨스토이는 근대 기독교 신앙이 쇠퇴한 후 예술은 종교성 상실, 민중성 배척으로 내용이 빈곤해지고 감정의 범위도 좁아졌으며 소수자를 위한 예술로 변질되었다고 탄식하고 있다. 예술이란 인간의 상호감정을 교류하는 수단이고, 그 내면에는 인간의 가치, 종교적 신념, 새로운 세상의 건설이라는 사명을 내포한 활동이므로 모든 사람이 그 뜻을 알 수 있고 차별 없이 누구에게나 전달되어야 한다. 나아가 그는 오늘날 예술을 타락시키는 세 가지 요인으로 막대한 보수, 예술 비평, 예술 직업학교를 지적하며, 위대한 작품은 만인에게 받아들여지고 이해되기 때문에 위대한 것이라고 하였다. 대문호 톨스토이다운 사고라고 생각된다.

이에 대해서는 반론도 만만치 않다. 그를 공리주의적 입장이라고 비판하면서 그의 견해는, 첫째 예술을 목표지향적, 수단적 매개체로 전락시킬 수 있고, 둘째 예술을 일반화, 규격화하여 예술가의 창조성을 희석시킬 우려가 있으며, 셋째 현실적으로 존재하는 인간의 쾌락을 평가절하하는 것은 부당하다는 것이다. 현대적 사고에 맞는 반론이라고 할 수 있다.

예술을 정의하는 일은 인간을 정의하는 일만큼 어렵다는 말이 있다. 플라톤은 인간을 "날개없는 두 발 동물"이라고 정의하였는데, 디오게네스는 "플라톤의 인간은 깃털 뜯긴 통닭"이라고 비난하였다는 일화가 있다. 예술에 대한 일반론에 대해서도 얼마든지 반론을 제기할 수 있는 것이다.

예술은 전문가도 부분적이고 가정적인 결론밖에 내릴 수 없는 복잡하고 불가사의한 인간활동이다. 그럼에도 예술은 우리가 언제 어디서나 만나는 인간 생활구조의 일부임은 부인할 수 없다.

예술에는 시대를 초월하는 불변의 가치가 있는 것은 틀림없다. 그러나 예술의 절대적 가치는 알기 어렵고 시대와 환경의 맥락 속에서 예술작품을 볼 수밖에 없다. 예술에 대한 견해는 끝없이 변해왔던 것이다.

그렇다면 적어도 예술과 예술이 아닌 것을 구별하는 객관적인 방법은 무엇인가?

『미술의 역사』라는 대저서를 저술한 금세기 최고의 미술사가 잰슨(H.W. Janson)은 예술은 "인간의 상상력의 비약을 유형화한 독창적인 창조물"이라고 정의하고 있다.

그의 이론에 의하면, 첫째 예술은 자연에 의해서가 아니라 인간의 손으로 형태 지어진 촉지 가능한 것이어야 한다. 둘째, 상상력의 비약을 수반하지 않으면 예술작품으로서의 가치가 없다. 셋째, 상상의 내용이 상상을 넘어 유형화되어야 한다. 넷째, 예술은 기존의 기준과 질서를 존중하여 단순히 제조하는 것이 아니라, 기존의 규정에 저항하여 불가능한 것을 가능하게 창조하는 것이다. 그 창조적 재능은 천부적인 것이며 예측할 수 없는 것이라고 하였다. 다섯째, 예술과 기술을 구별하는 기준은 독창성이다. 그러나 그 독창성은 상대적인 것으로 완벽한 독창적 예술작품이란 없다. 독창적이냐 아니냐가 문제가 아니라 어떤 점에서 독창적이냐가 중요하다고 한다. 잊혀지고 있던 낡은 구도에 생명을 불어넣어 되살아나게 하는 방법도 그것만으로 충분히 독창적이라는 것이다. 여섯째, 예술은 그것을 이해하는 특수대중 즉 관중의 참여가 있어야 된다. 예술작품의 탄생은 예술가 개인의 체험과 대중의 참여가 합체되어 이루어지는 것이고, 그 대중은 일반대중이 아니라 특수대중 즉 작품을 보아주는 관중이 필요하다는 것이다.

예술의 의미를 상세히 분석한 잰슨의 견해는 예리하고 합리적이며 충분히 공감을 일으키게 된다.

결론적으로 예술은 인간의 창조활동이다. 미켈란젤로는 자신의 조작작품을 "대리석 속에 갇혀 있는 인간을 대리석으로부터 해방시킨 것"이라고 하였다는데 창조의 의미를 정확히 표현한 말이라고 생각된다. 창조의 목적은 아름다움을 추구하는 것이고, 이를 일정한 형식으로 표현하는 것이 예술이다. 즉, 아름다움을 독창적으로 창조하는 인간의 활동이 예술이라고 정의할 수 있다고 본다.

문제는 무엇이 아름다움인가이다.

절대적으로 완전한 미, 공상적인 미를 의미하는 것은 아닐 것이다. 또한 미는 즐거움, 쾌감을 수반하지만 그것이 개인적 이익과 일치할 때는 이미 미의 가치를 상실한다는 것도 옳은 생각이다.

그렇다면 무엇이 아름다움인가?

사전적으로 아름다움이란 조화와 균형이라고 한다. 감동을 주는 문학작품, 감미로운 음악, 화려한 그림이나 조각, 건축물, 멋있는 율동이 모두 아름다운 예술작품인 것은 틀림없다. 그런데 부조화와 불균형은 물론 나아가 괴기와 공포, 폭력과 선정,

슬픔과 비탄, 참혹한 죽음에서조차도 아름다움을 볼 수 있다고 하는 미학적 반론에 어떻게 답할 수 있단 말인가?

중세의 토마스 아퀴나스는 "아름다움은 신의 빛"이라고 하였다. 그렇다면 유한한 세계는 진정한 아름다움을 담을 수 없고 유한하지 않는 저 너머의 세계에 진정한 아름다움이 있는 것인가? 아니면 아름다움이란 자신의 인생이 실제보다 더 의미있는 것처럼 느끼기 위해 스스로를 속이는 속임수란 말인가?

영국의 철학자 데이비드 흄은 아름다움이란 본질적으로 사적이고 개인적인 경험이라고 하였다. 아름다움은 물체 자체의 특성이 아니라 이것을 응시하는 이의 마음속에 존재한다는 것이다.

결국, 아름다움이란 주관적 가치라고 볼 수밖에 없다. 예술은 아름다움을 창조하는 인간의 활동이지만 그 아름다움은 주관적 기준에 의해 평가되는 것이다. 때문에 관중 각자의 견해가 전문가보다 더 나은 것일 수도 있다는 문외한들의 억설이 결코 무가치한 것만은 아니다.

예술은 아름다운 것이지만 그 아름다움은 순간적으로 사라질 수도 있고 동시에 영원할 수도 있는 난해한 것이다.

그런 의미에서 앞서 말한 초현실주의 작가 살바도르 달리의 기괴한 작품도 훌륭한 예술작품이라는 견해에 공감이 간다.

chapter | 6

이성의 영광과 좌절(Epilogue)

– 인간 이성과 법사상 –

인간의 지혜

인간은 이성(理性)을 가지고 있다. 이성은 인간을 다른 동물과 구별지어 주는 인간의 본성이다. 그 인간의 본성은 우주의 질서, 신의 섭리, 자유와 평등, 인간의 존엄성을 내용으로 하며 거기에서 보편타당한 질서와 규범이 만들어진다는 자연법 사상이 도출된다.

인간 이성과 자연법 사상에 관한 아래 소견은 나의 신학 석사학위논문의 서론과 결론 부분을 발췌한 것이며, 이로써 법률가가 본 "이성의 세계"의 결론으로 삼고자 한다.

고대 헬라 시대부터 플라톤, 아리스토텔레스, 스토아 학파를 거쳐 연면히 이어져 내려온 자연법 사상은 중세 토마스 아퀴나스(Thomas Aquinas, 1225-1274년)에 이르러 그 절정을 이루게 된다. 인간은 역사와 문명을 접하게 된 이후 인간의 사회현상을 규율하는 보편타당한 질서가 무엇인가에 대하여 끊임없는 의문을 제기하여 왔는바 이에 대한 해답이 자연법이었다.

고대 그리스인들은 「불변하는 우주적 질서」 「개인의 주관가운데 있는 초개인적인 객관적 원리」 또는 「현상계 내에 존재하면서 불변하는 선험적 대상인 이데아」 「인간개체 내에 있는 본질과 형상의 올바른 실현」 등에 자연법의 이론적 기초를 두어왔으나, 중세 기독교 신학체계가 완성된 후에는 「영원하고 완전한 신의 섭리」와 이를 구현하는 자연법을 구상하여 어떻게 이 자연법으로 현세의 실정법을 자연법에 맞도록 규정하느냐가 신학의 과제가 되었다. 토마스 아퀴나스는 기독교 이론의 가장 우수한 해설자로서 중세의 스콜라 철학을 완성하고 자연법론을 체계화한 것이다.

토마스 아퀴나스는 플라톤적, 인격적, 신비적 사상보다는 그리스도교의 제도적 정비와 안정을 도모하기 위하여 아리스토텔레스 철학에 기초한 현실적, 체계적, 이론적 사상에 그 바탕을 두었다. 그는 아리스토텔레스의 인식론과 존재론을 원용하여 인간은 지성적 활동에 의하여 물질적 대상의 형상을 파악한다고 보고, 그 과정에서 이성은 객관적 사물의 영상을 조명하고 그것으로부터 보편적 개념을 추상하며 보편적 형상이나 본질은 하느님의 영(靈)으로부터 나온 영원한 이념이라고 하였다.

토마스 아퀴나스는 이러한 기본사상에 입각하여 법을 이성적인 것이라고 본다. 즉, 피조물인 인간은 하느님의 존재를 모사하고 있다는 유비설(類比說)에 근거하여 인간은 이성의 빛을 통하여 인식하고 자유의지에 따라 행동하는 존재이므로 법은 인간의 당위적인 행위규범이며, 따라서 「법이란 공동선을 목적으로 제정하고 공포하는 이성적 규범」이라고 정의하고 있다.

그는 모든 종류의 법을 영원법, 인정법, 신법으로 구분한다. 영원법은 하느님의 이성 그 자체로서 창조의 이념이며, 자연법은 인간이 그 이성에 의하여 인식할 수 있는 영원법의 불완전한 부분적 영사이고 인정법은 인간에 의해 만들어진 자연법의 구체적 적용이라는 것이다. 또한 신법은 구약 및 신약성서에 계시된 신의 법으로서 궁극의 목적으로 인간행위를 인도하는 것이다.

따라서 자연법은 인간의 선천적 이성이 명하는 원리, 즉 「선을 행하고 악을 피하라」는 명제를 제1원리로 하고, 선악의 구체적 구별은 인간의 본성 및 자연법 경향에 맞는가를 검토함으로써 여기에서 많은 자연법상의 규범이 나오게 되며, 인정법은 이성의 제1규율인 자연법에서 도출되는 것이므로 이성과 일치하게 되어 만일 자연법에 반하는 경우 그것은 이미 법이 아니므로 그 존재가 부정된다고 하였다.

토마스 아퀴나스의 이와 같은 법사상은 스콜라 철학 후기에 윌리엄 오캄 등의 유명론(唯名論)에 의해 퇴색하기는 하였으나, 중세의 법철학 사상에 있어서 가장 정비된 형태라고 할 수 있으며 근대자연법 이론의 발전에 선봉적 역할을 하였고 현대의 신자연법 사상에도 지대한 영향을 미치게 된다.

근대의 자연법 사상은 영원법의 관념에 근간을 두었던 중세법 사상과는 달리 인간성과 인간의 이성을 법의 유일한 연원으로 한다. 중세사회에서 근대사회로의 발전은 정치적으로는 봉건적인 지방분권적 형태에서 국민적 중앙집권적 형태로의 이전이고, 경제적으로는 장원, 길드의 체제로부터 근대적 자본주의 경제로의 발전이었다.

여기에서 근대사회의 주인공인 시민층은 중세적인 것을 극복하고 절대왕정의 타도를 지표로 삼게 되었으며, 이러한 시민층의 목적달성을 위한 이론적 무기가 된 것이 바로 근대 자연법 사상이었던 것이다. 근대 시민사회의 이념은 개인의 자유와 평등이므로 근대 자연법론도 자연질서나 신의 의사를 떠나 인간본성에서부터 출발한다. 즉, 근대 자연법론은 자연상태에 있어서의 인간의 본성을 확인하고 이것을 근거로 하여 이상법을 인식하려고 했던 것이며 자연상태에서 국가상태로의 이행을 사회계약을 가지고 설명하려고 했던 것이다.

따라서 근대 자연법론은 개인주의와 자유주의를 강조하게

된다. 그 결과 홉스(Hobbes)를 중심으로 하는 절대주의적, 법적 자연법론은 통일국가의 확립과 자연법의 실정법화를 촉구함으로써 근대적 법전 편찬의 동기를 제공하였고, 몽테스퀴외(Montesquieu), 루소(Rousseau)를 대표로 하는 자유주의적, 정치적 자연법론은 미국의 독립선언과 프랑스혁명의 인권선언에서 빛나는 역사적 사명을 수행하였던 것이다.

그러나 근대 이후 자연법을 부정하는 두 개의 큰 사상적 흐름이 태동하였으니 그것이 바로 법실증주의와 기독교의 개신교 법사상이다. 먼저 프랑스혁명 후 전통의 파괴로 초래된 혼란과 무단정치의 폐해는 인간의 자유가 본래 무엇을 의미하는가, 자유와 현실적인 국가나 법과의 관계를 어떻게 설정해야 할 것인가에 대하여 재검토의 필요를 느끼게 하였다.

칸트(Kant)를 위시한 독일의 관념주의 법철학은 그와 같은 추세의 논리적 전개이며 잊어버린 역사와 전통에 대한 복고의 기운이 일어나게 된 것이다. 더구나 18세기 이래의 자연법학적 사상에 의하여 일어난 법전편찬의 적극적 운동은 각 민족의 역사와 사회사정을 무시하고 인간과 인간의 이성을 맹신함으로써 만고불변의 법전편찬을 시도하게 되었고 이에 대한 반동으로 법의 역사성과 민족성을 강조하는 역사법학이 전개되었으며 이로부터 자연법을 부정하고 실정법 일원주의인 법실증주의의 기반이 형성된다.

물론 근대문명의 실증적 과학적 정신은 법학에서도 실증주의의 경향을 초래하지 않을 수 없었던 것은 사실이고, 또한 그러한 경향이 근대사회의 자본주의적 발전을 이룩한 기초가 되었던 것도 부인할 수 없다.

그러나 법의 형식만을 중시하고 그 실질적 내용적 면에 대한 무비판적 태도는 결국 가치 허무주의에 이르게 되었으며, 특히 세계대전 이후 비인도적 정치적 독재에 대한 깊은 반성으로 인해 19세기를 풍미하였던 법실증론도 붕괴에 이르게 된다.

한편, 자연법 이론을 부정하는 또 하나의 거대한 흐름은 종교개혁 이후 죄와 은총을 신학적 사상으로 하는 개신교의 입장이다.

종교개혁에 의한 개신교에는 오로지 죄와 은총의 개념이 지배하였기 때문에 법의 연원은 하느님의 말씀이 계시된 성서뿐이라고 이해하고 자연법의 실재를 부인하는 입장을 보이게 된다. 원죄에 의하여 인간이성이 타락하였기 때문에 자연법이 존재하더라도 인간은 그것을 인식할 능력이 없으며 그것을 인식하기 위해서는 계시나 신앙의 힘이 절대적으로 필요하다는 것이다.

그러나 루터(Luther)의 경우, 기본적으로 「오직 성서만으로」 「오직 신앙만으로」를 강조하는 개신교주의에 입각하여 반법률주의적 경향을 가지고 있었던 것은 사실이나, 아그리콜라(J. Agricola) 등 반율법주의자들과의 대결(1537년 논쟁)을 통해 본다면, 그로부터 자연법 사상이 완전히 소멸되었다고 보는 것도 무리가 있다. 왜냐하면 그는 「창조의 질서」 또는 「2왕국」의 설명에서 정의와 인간 의무를 결정하는 이성의 기능을 시인하고 있기 때문이다. 나아가 캘빈(Calvin)의 경우에는 자연법과 성서의 새로운 계명에 대한 연속성을 인정함으로써 법의 필요성을 보다 적극적으로 시인하고 있다고 할 수 있다.

현대의 대표적 개신교 사상가들 중에서 엘룰(Erull), 틸리케(Thielicke), 바르트(Barth) 등은 자연법을 인간성에 대한 잘못된 견해에 기인하는 것이라는 이유로 이를 부정하고 있고, 브루너(Brunner), 니부어(Niebuhr), 본회퍼(Bonhoeffer) 등의 신학자들은 현대를 위기에 빠뜨린 상대주의적 윤리사상을 비판하면서 이를 극복하기 위한 근거를 자연법 사상에서 찾으려고 한다.

그렇다면 카톨릭교의 낙관적 견해와 개신교의 부정적 견해의 중간 입장에서 자연법을 이해하는 길은 없을까? 원래 자연법 사상은 헬라(Hella) 시대 이후 윤리의 보편성을 지향하는 개념으로 사용하여 왔고, 이를 기독교가 창조의 질서라는 개념에 연결하여 이해하게 된 것으로서 이러한 사상은 이미 바울(Paul)의 로마서에서도 그 기초를 찾아볼 수 있다. 더구나 근대사회에서 자연법의 개념을 토대로 실정법이 제정되면서 인간의 존엄성이 확보되어간 점을 무시할 수 없다면 자연법에 대한 무조건적 부정을 지양하고 전체 기독교 내에서도 긍정적 재검토가 필요하다고 본다.

현대에 이르러 자연법 사상은 다시 부활하고 있다. 근대 자유주의, 합리주의는 자연법을 근대 민주주의의 이데올로기로 삼고 중세봉건사회에 대하여 개인으로서의 인간의 자유를 찾고자 하였다. 그러나 이 근대 자연법이 실정법화되자 합리주의 철학에 기반을 두었음에도 불구하고 인간의 자유는 실정법이라는 거대한 체계 속에 매몰되어 오히려 그 정체성을 상실하고 만다. 이에 현대적 불안을 극복하기 위해 법적 인간이 아닌 도덕적 인간을 보고자 하는 새로운 사상이 태동하게 되는바 이것이 현대의 신자연법론이다.

현대 신자연법론은 하르트만(Hartmann)의 실질가치론, 하이데거(Heidegger), 야스퍼스(Jaspers)의 실존주의 철학을 거쳐 신토마스주의로 발전하였다. 신토마스주의는 중세 자연법론 특히 토마스 아퀴나스의 사상을 중요시하고, 목적론적 세계존재론에 입각하여 인간이 자기존재가 되기 위해서는 이성과 자유의지로 실천에 나아가야 한다고 강조한다. 이에 신토마스주의는 보편개념은 실재하고 자연 속에 목적이 있으며, 존재와 당위는 합치하고 의지보다 지성이 우위라는 입장에서 논리를 전개하고 있다. 자연법은 목적적 존재질서의 실현을 도덕적 의무로

하고 자유의지의 주체인 인간에게 지시되는 명령규범으로 이해되므로, 자연법이 인간의 구체적 사회생활에서 어떻게 구체화할 것인가를 탐구하게 되는 것이다. 인간존중을 최고의 이념으로 하는 현대사회에서 법이 사회규범으로서 구속력을 가지려면 최소한의 이상을 지녀야 하며 그것이 없으면 법은 존경받을 수 없고 타당성 없는 실력강제에 불과하게 된다. 따라서 현대에 이르러 토마스 아퀴나스의 자연법론은 새로운 가치로 새로운 지평을 열게 되며 자연법의 긍정은 하나의 신앙행위라고까지 말하고 있다.

또한 2차 세계대전 후 독일에서 강한 흐름으로 나타난 법신학의 이론이 주목되고 있다. 법신학은 교회투쟁의 결과, 즉 나치시대의 「독일적 크리스찬」에 대한 거부와 국가의 월권에 대한 항거에서 출발한 것이라고 볼 수 있다. 나치즘과 독일적 크리스찬은 본질적으로 전통적 교회법이론에 근거하여 외부적 법영역은 내부적 영적본령(靈的本靈)에서 벗어난 세속적인 것에 속한다고 보았던 것이다. 이러한 사고는 국가의 사회간섭을 정당화할 수 있었다. 나치가 무너지고 교회와 국가가 재건되면서 이러한 법에 대한 반성이 불가피하게 되었으며 이것이 법신학으로 표현된 것이다.

법신학의 대변자라고 할 수 있는 에릭 볼프(Eric Wolf)는 법신학의 기초는 하느님의 말씀 즉 성서에 지시된 법의 정신을 찾는데 있다고 보고 성서의 지시 속에는 여러 가능한 법철학을 뛰어 넘는 확고한 기초가 있다고 확신하였다. 법철학 자체만으로는 도저히 위협하는 나치즘에 대항할 수 없다고 보았던 것이다. 볼프는 성서가 전 세계의 법질서에 대하여 보편적인 원리를 제공해 줄 수 있다고 보고 「법철학은 법신학에 의하여 기초되고 성숙된다」는 명제를 강조하고 있다.

자연법론은 고대로부터 혹은 종교의 이름으로 혹은 양심과 정의의 개념으로 혹은 자유와 평등의 이론으로 부단히 자기 자신을 주장하여 왔다. 자연법론은 단순한 합리성과 안전성을 주장하는 대내적 정의에 대하여 정당성과 타당성을 내포하는 초월적 정의를 주장하고 진정한 의미의 정의는 오직 초월적 존재뿐이라는 것이 근본사상이다. 이러한 사상은 과거 수천 년 동안 각 시대의 인간정신의 강인성에 의하여 수없이 많은 이질적 요소들을 자기 포섭함으로써 자신을 풍요하게 하면서 현대에 이르기까지 그 생명을 유지하여 왔다.

더구나 근대 세속적 자연법 시대로부터 우리가 오늘날 삶의 가치 있는 본질적 요소들을 얻을 수 있었다는 것은 부인할 수 없는 역사적 사실이다. 근대 자연법론은 인간의 존엄성, 인도주의, 개인의 자유와 평등, 행복추구권, 권력분립, 법치주의 원칙, 형사사법상의 권리 등 수없이 많은 불가양의 인권을 가져온 불후의 명예를 이룩한 것이다.

그러나 아직도 근본적인 문제는 남아있다. 현대의 세계질서는 가치상대주의 내지 가치허무주의에 결박되어 결코 자유롭지 못하다. 자연법이 찬란한 공적과 영예를 이루었다고 하더라도 그것이 과거의 역사로 회상될 뿐 현재의 우리에게 어떤 요청을 담아내는 생명력을 느끼게 하지는 못하는 것이다. 자연법은 정치적, 사회적 위기에 처해서 각성하게 되는 역사의식, 현실에 대한 비판적 인식, 보다 좋은 사회를 위한 예언적 노력 등을 법사고(法思考)에 실어 항상 올바름을 향해 눈떠 있게 하는 사상이다. 그럼에도 자연법이라는 말이 규범질서에 관한 문제의식에서 상호의사소통의 매개로서의 기능을 거의 상실해가고 있는 것이 현실이다. 이것은 인간의 본성과 자연질서의 불확실성으로 인해 인류의 역사에 대한 희망을 잃어버리는 시대적 사조와 무관하지 않을 것이다. 그렇다면 어떻게 자연법 사상, 법의 도덕적 근원, 규범질서의 중심을 다시 세울 수 있는 것인가? 결국 우리가 삶의 규범적 본성을 깨닫고 가치 허무주의의 혼돈에서 빠져 나오는 길은 하늘로부터 우리 내부에까지 드리워진 생명의 끈을 찾는 것이다.

여기에서 우리는 법신학의 입장에 주목할 필요가 있는 것이다. 전통적으로 자연법 사상은 「자연적 질서」에서 그 근거를 찾으려고 하였고, 「인간의 이성」으로 그것을 인식하려고 하였다. 그러나 과연 자연의 질서는 절대불변이며 인간의 이성은 무한히 신뢰할 수 있는 절대적 기준이 될 수 있는가? 인간의 이성을 신뢰하였던 계몽주의 시대의 근대 자연법 사상이 현실 속에서의 이성의 상대화로 결국 법실증주의의 도전을 자초하였던 것이 역사적 사실이다. 그렇다면 자연의 질서, 인간본성의 판단기준을 어디에서 찾을 것인가? 아리스토텔레스 이래 자연법 사상의 근본이념은 「각자에게 각자의 것을」이라는 명제였다. 그것은 자유와 평등이라는 정의를 의미하며, 현대적 표현으로는 「인간의 존엄성」이라고 할 수 있을 것이다. 인간은 개체적 실존적 존재이므로 인간이 인간인 한 변하지 않는 근본적 존재구조를 가지고 있다는 점은 부인할 수 없다. 그 구체적 내용이 바로 인간의 존엄성인 것이다.

그런데 왜 인간은 존엄한가? 인간은 하느님의 형상을 따라 창조되었으므로 존엄하며, 죄로 인해 타락한 인간을 구원하기 위하여 예수 그리스도가 십자가에 못 박혀 죽었다는 사실이 그 의미를 더욱 극적으로 완성하고 있다는 법신학의 명제는 우리를 충분히 감동케 하는 것이다.

그러나 여기에도 문제는 남아있다. 오늘날 세계는 다양한 종교적 신앙이 병존하고 있으므로 과거와 같이 전 세계와 기독교적 유럽을 동일시할 수는 없다는 점이다. 실질적 법문제를 기독교 신앙의 영역으로 밀어넣는 것은 기독교가 스스로를 상아

탑에 가두어 비기독교인과의 공동생활에서 제기되는 많은 문제에서 그들의 양해와 상호이해를 기대할 수 없는 결과에 이르게 될 수도 있다는 것이다. 따라서 비기독교인에게도 계시 밖에서의 순수한 법인식이 인정될 수 있어야 하며, 기독교 내에서도 에큐메니칼(ecumenical)한 대화의 방법이 모색되어야 한다.

그러한 의미에서 현대 자연법론은 근대 세속적 자연법론이 그 시대의 조건하에서 이룩한 과제, 즉 모두가 공존하면서 현실적인 평화를 달성할 수 있는 공동의 법기초를 마련하기 위한 부단한 노력으로 다시 돌아가게 되는 것이며, 앞으로의 발전적 전개에 관심과 기대가 집중되는 것이다.

끝으로 인간이성론을 마치면서 법학도라면 누구나 알고 있는 헤겔의 명구 한 마디를 기록하지 않을 수 없다.

나는 독일의 대철학자 칸트의 이성론에 공감하면서 그의 철학에 심취한 바 있었다. 그러나 그를 계승하여 독일의 관념철학을 완성하였다는 헤겔(Georg Hegel, 1770-1831년)에 대하여는 별 흥미를 느끼지 못하였다. 그의 문체가 난해하여 이해하기 어렵다는 것이 중론이기도 하지만, 그것보다는 헤겔철학의 중심이론인 절대정신론이 결과적으로 전체주의와 마르크시즘의 이론적 배경을 조성해 주었다는 점에서 호감을 갖을 수 없었던 것이다. 그럼에도 헤겔을 언급하지 않을 수 없는 것은 그가 1821년에 출간한 법철학 서문에 쓴 한 줄의 명문 때문이다.

"미네르바의 부엉이는 황혼이 되어야 날개를 편다."

인간의 지혜는 현실 문제를 해결하기보다 사후에 그 문제를 분석 평가하는 역할이 더 중요하다는 철학의 추사성(追思性)을 비유한 뜻으로 풀이된다. 인간의 이성을 신뢰하고 찬양하면서도 그 한계를 함축성 있게 표현해 주는 아름다운 명구임에 틀림없으며 그런 차원에서 헤겔의 이상은 영원히 남을 것이다.

변호사가 본 이성의 세계, 감성의 세계

지은이 천기흥

1판 1쇄 인쇄 2015. 10. 1
1판 1쇄 발행 2015. 10. 7

펴낸곳 예 · 지
펴낸이 김종욱
책임편집 황경주

등록번호 제1-2893호
등록일자 2001. 7. 23
주소 경기도 고양시 일산동구 호수로 662
전화 031-900-8061(마케팅), 8060(편집)
팩스 031-900-8062
전자우편 yejibk@gmail.com
트위터 @yejibooks
페이스북 Yeji Buk

편집디자인 신성기획
종이 영은페이퍼
인쇄 제본 서정문화인쇄사

ISBN 978-89-89797-95-1 03040

이 도서의 국립중앙도서관 출판시도서목록(CIP)은 서지정보유통지원시스템 홈페이지(http://seoji.nl.go.kr)와 국가자료공동목록시스템(http://www.nl.go.kr/kolisnet)에서 이용하실 수 있습니다.(CIP제어번호: CIP2015025653)

예 지 의 책은 오늘보다 나은 내일을 위한 선택입니다.